왜
천주교
박해가
일어났을까?

교과서 속 역사 이야기, 법정에 서다

44
역사공화국
한국사법정

왜
홍봉주 vs 흥선 대원군
천주교
박해가
일어났을까?

글 방상근 | 그림 조환철

|주|자음과모음

역사에서 가정은 무의미하다. '과거에는……', '왕년에는……' 하다가도 '그래서 뭐!' 한마디면 더 이상 말을 잇기가 어렵다. 과거는 지나간 시간이며, 우리는 현재에 살고 있기 때문이다.

그러나 과거를 단순히 흘러간 시간이라고 치부할 수만은 없다. 그 속에는 역사적인 교훈이 들어 있기 때문이다. 그리하여 오늘날 현명한 삶을 살고자 하는 사람들은 역사 속에서 좀 더 많은 교훈을 찾아내려고 한다. 역사에서 삶의 교훈을 찾는 것, 우리가 역사를 공부하는 목적 중의 하나이기도 하다.

한국의 역사는 고조선 이래 3000년 이상의 시간을 담고 있다. 따라서 긴 시간만큼 우리가 찾을 수 있는 역사적인 교훈도 많다. 특히 조선 후기는 오늘날과 밀접한 근대로 넘어가는 길목이라는 점에서 더욱 그러하다. 그리고 이러한 시점에 천주교가 등장한다.

근대는 서구적 개념이고, 그 특징도 다양하다. 하지만 가장 중요한 개념은 '평등'이라고 생각한다. 즉, 모든 인간이 차별받지 않는 사회, 그것은 인류가 실현해야 할 보편적 가치임에 틀림없다. 그러나 인류의 역사에서 그러한 시기는 생각만큼 길지 않다. 서구에서는 산업 혁명과 시민 혁명 이후의 일이며, 우리의 역사에서는 개항 이후가 될 것이다.

개항 이전 조선 사회는 신분제가 존재하는 불평등한 사회였다. 그러나 조선의 신분제는 17세기 이후 동요하다가, 개항 이후 서양의 근대 문화가 더해지면서 1894년에는 법적으로도 폐지되었다. 이제 조선은 이전과는 근본적으로 다른 새로운 사회로 진입했다. 그런데 새로운 시대에 우리의 역사를 자주적으로 이끌기 위해서는 힘이 필요했다. 그렇지만 당시 우리 사회는 그것이 부족했고, 결국 일제의 식민 통치를 받게 되었다.

이 지점에서 수많은 질문이 쏟아진다. 왜 우리는 일본의 식민지가 되었을까? 우리가 식민지가 된 것은 누구의 책임인가……? 그리고 여기에 무의미하다고 이야기했던 '역사의 가정'들도 더해진다. '동학 농민 운동이 성공했더라면', '갑신정변이 성공했더라면', '조선 시대에 천주교를 박해하지 않고 인정했더라면……'.

천주교는 기존의 가치와는 다른 가르침을 사람들에게 주었다. 그 중에서도 중요한 것이 평등 의식이다. 모든 사람이 천주의 자녀라는 평등 의식은 천주교를 접한 사람들에게 희망의 메시지가 되었음에 틀림없다. 따라서 평등이 근대 사회의 중요한 개념이라면, 천주교의 허용은 우리 사회를 또 다른 시대로 이끌었을 가능성이 충분히 있었다.

왜 천주교 박해가 일어났을까?

그렇다면 오늘날에는 자유롭게 신앙되는 종교가 조선 시대에는 왜 탄압받았을까? 이것은 시기마다 가치관이 다르다는 것과 그 다름을 인정하지 않는 사회 분위기 때문이었다. 유교적인 가치관과 천주교의 교리는 상충되는 면이 많은데, 유교가 지배하던 사회에서 천주교는 그 다름을 인정받지 못했으며 그 결과 오랫동안 박해가 일어났던 것이다.

그러나 시간이 지나면서 사회의 주류와 다른 현상들이 점차 많아졌고, 이 '다름'들이 주류로 성장해 가는 변화가 발생하였다. 조선 후기의 사회적·경제적 변화가 그것인데, 그 과정에서 개항이 되고, 서양국과 조약이 체결되었으며, 신앙의 자유도 얻게 되었다. 이에 조선 시대에는 잘못이라고 처벌받던 것들이 더 이상 잘못이 아닌 시대가 오게 된 것이다.

이처럼 역사의 흐름을 보면 무엇이 옳고 무엇이 그른지 헷갈릴 때가 많다. 무엇이 진실일까? 역사적 사실에 대한 판단은 어떤 기준으로 해야 하는가? 이런 문제 의식을 갖고 이 책의 주제, 즉 '조선 시대의 천주교 박해는 정당했는가?'를 생각해 보면 의미가 있을 것이다. 작은 변화를 변화로 감지하고, 소수자에 대한 배려와 관심, 그리고 그들을 이해하려는 노력이 미래를 올바르게 준비하는 자세라는 것을 느끼면서…….

방상근

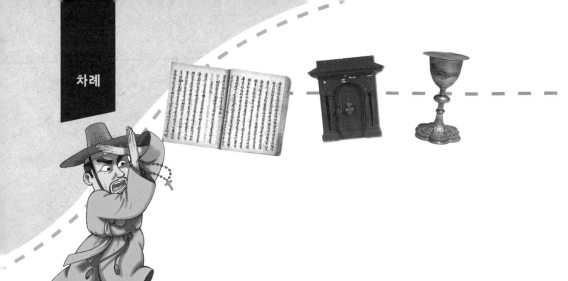

중국을 통해 우리나라에 전해진 천주교는 처음에는 서양 학문의 한 부분으로 양반들에 의해 연구되었다. 이후 서민층과 여성들도 천주교를 믿게 되면서 정부에서는 천주교를 금하게 되었다. 천주교의 인간 평등과 내세 사상이 당시 유교 사상과 맞지 않는다고 여겼기 때문이다.

중학교　　**역사**

처음에는 천주교에 대해 비교적 온건했던 흥선 대원군은 외세와의 관계 속에서 천주교를 탄압하기 시작한다. 병인양요, 신미양요를 겪으면서, 조선 정부는 척화비를 세우는 등 서양과의 통상 수교를 반대하는 정책을 굳건히 하게 된다.

고종의 즉위와 함께 실권을 장악한 흥선 대원군은 외세의 침투를 막기 위하여 국방력을 강화하고 통상 수교 요구를 거절하는 한편 천주교를 대대적으로 탄압하였다.

		V. 사회 구조와 사회 생활
		 4. 근대 태동기의 사회
		  3) 사회 변혁의 움직임
		   −천주교의 전파

고등학교	**한국사**	VI. 민족 문화의 발달
		 4. 근대 태동기의 문화
		  3) 과학 기술의 발달
		   −서양 문물의 수용
		 5. 근현대의 문화
		  1) 근대 문물의 수용과 발전
		   −문예와 종교의 새 경향

19세기 후반부터 우리나라는 서양의 근대 문명을 점진적으로 수용하게 된다. 정부의 개화 정책 추진과 함께 과학 기술을 비롯한 서양의 근대 문물이 도입되었다.

근대 문화가 수용되면서 문학, 예술, 종교에도 새로운 경향이 나타났다. 신소설이 등장하고 외국 문학의 번역이 이루어졌으며, 오랫동안 박해를 받아 온 천주교도 자유롭게 선교 활동을 할 수 있게 되었다.

1800년	조선 순조 즉위
1801년	신유박해, 황사영 백서 사건
1811년	홍경래의 난
1831년	천주교 조선 교구 설정
1834년	조선 헌종 즉위
1839년	기해박해
1860년	최제우, 동학 창도
1862년	진주에서 임술 농민 봉기가 일어남
1864년	조선 고종 즉위와 흥선 대원군의 집권
1864년	동학 교조 최제우 처형
1866년	병인박해, 병인양요
1871년	신미양요
1875년	운요호 사건
1876년	조일 수호 조규 체결
1894년	동학 농민 운동

1802년	프랑스 혁명 종결
1803년	존 돌턴, 『화학의 신체계』
1803년	나폴레옹 전쟁
1804년	세르비아 등장
1806 ~1812년	러시아·튀르크 전쟁
1825년	미국 이리 운하 개통, 찰스 다윈 진화론 발표
1832년	영국 선거법 개정
1842년	아편 전쟁, 난징 조약 체결
1854 ~1856년	크림 전쟁
1860년	2차 아편 전쟁
1866 ~1869년	일본 메이지 유신
1870년	프로이센·프랑스 전쟁
1879년	에디슨, 탄소 필라멘트 전구 발명
1880년	파나마 운하 개통

원고 **홍봉주(1814년~1866년)**

풍산 홍씨로, 3대에 걸쳐 순교한 집안의 사람입니다. 어려서부터 천주교를 배워 신앙하였으며, 서양 선교 사들의 입국을 도왔고, 베르뇌 주교를 모시고 살았지 요. 하지만 안타깝게도 1866년에 신앙의 자유를 얻기 위해 노력하다가 체포되어 순교하였습니다.

원고 측 변호사 **나신앙**

평소 조선의 천주교 역사에 관심이 많았으며, 역사적 사실을 합리적으로 보려 하는 변호사입니다.

원고 측 증인 **정하상**

1801년에 순교한 정약종의 아들로, 조선에 성직자를 모셔 오는 데 지대한 공헌을 하였습니다. 1839년 체포되어 순교했는데, 순교 직전 재상에게 천주교의 참 됨을 알리는 〈상재상서〉를 지어 올렸습니다.

원고 측 증인 윤지충

전라도 진산의 양반으로, 1791년 조상 제사를 폐하
고 신주를 불태웠다가 고발되어 순교하였습니다.

원고 측 증인 홍낙민

원고 홍봉주의 할아버지입니다. 1784년 경 천주교에
입교하였고, 가성직단이 조직되었을 때 신부로 활동
하며 초기 천주교회에서 중요한 역할을 담당하기도
했지요. 1789년 문과에 급제하여 정언·전적 등의 관
직을 역임했으나, 1801년 신유박해 때 서소문 밖에
서 참수되었습니다.

원고 측 증인 김대건 신부

최초의 조선인 신부로, 마카오에 유학하여 신학 공부
를 하였습니다. 1845년 중국 상하이에서 신부가 되
었으며, 이듬해 체포되어 순교하였지요.

피고 흥선 대원군(1820년~1898년)

안녕하세요! 고종의 부친으로 본명은 이하응입니다. 1864년 고종이 어린 나이로 즉위하면서 대신 정치를 맡았고, 1873년 정치에서 물러날 때까지 천주교를 박해했지요. 내가 천주교를 박해한 데에는 다 그만 한 이유가 있었어요. 정치적으로는 왕권을 강화하고, 여러 가지 개혁을 시도하기도 했습니다.

피고 측 변호사 조선왕

성리학적 질서를 지키고, 성리학 이외의 모든 종교와 사상을 배척하는 척사론을 대변하는 변호사로, 원칙을 중요하게 여깁니다.

피고 측 증인 정순 왕후

영조의 계비로 정치적으로 사도세자를 동정하는 시파(時派)를 미워하고, 그 반대파인 벽파(僻派)를 옹호하였지요. 정조가 죽고 나이 어린 순조가 즉위하자 수렴청정을 하면서 벽파인 공서파와 결탁하여 천주교 금지령을 내렸습니다.

피고 측 증인 홍낙안

1790년 문과에 급제한 문신으로, 남인이면서 천주교에 적대적인 공서파였습니다. 1791년 진산 사건을 공론화하여, 천주교 신자들의 처벌을 주장하였지요.

피고 측 증인 이항로

조선 후기의 유학자로 위정척사(衛正斥邪)를 주장하며 서양 세력과 천주교를 배척했습니다. 화서 학파를 만들었고, 제자로는 최익현이 유명합니다.

피고 측 증인 권돈인

안동 권씨이며, 1845년에 영의정이 되었습니다. 1846년 프랑스 함정이 다녀간 이후, 저는 김대건 신부의 처형을 강력히 주장하였습니다.

"천주교 신자들은
억울하게 죽었습니다!"

역사 속 영혼들의 나라인 역사공화국. 오늘도 홀로 산책하던 홍봉주는 길 건너편에 서 있는 사람을 보고 걸음을 멈췄다. 흰 수염에 어딘가 낯이 익은데 누구인지 얼핏 기억이 나지 않았다. 그런데 지나가던 사람이 그에게 인사했다.

"안녕하세요? 흥선 대원군이시죠?"

그러자 그 사람도 웃으며 인사를 받았다.

'맞아! 흥선 대원군이었어.'

홍봉주는 그제야 그의 얼굴이 또렷이 생각났다. 순간 분함에 몸이 떨려 왔고 입에서는 "원수를 만났구나, 원수를 만났어"라는 말이 연신 쏟아져 나왔다.

홍봉주가 이렇게 흥분한 것은 흥선 대원군의 천주교 박해로

1866년에 자신이 처형되었기 때문이었다.

홍봉주는 망설였다.

'가서 만나 볼까? 만나서 나를 비롯한 수많은 천주교 신자를 처형한 데 대한 사과를 요구할까?'

여러 가지 생각이 머릿속을 맴돌았다.

홍봉주는 용기를 내어 대원군 앞으로 다가갔다. 누군가가 자신에게 다가오는 것을 보고 대원군도 긴장하는 듯했다.

"안녕하세요."

홍봉주가 인사를 했다.

"누구신지……."

대원군이 의아한 눈으로 홍봉주를 바라보았다.

"저는 홍봉주라고 하며, 당신이 1866년에 일으킨 천주교 박해 때 처형된 사람입니다."

홍봉주는 단도직입적으로 대원군에게 말하였다.

예기치 않은 홍봉주의 말에 대원군은 조금 당황했다. 하지만 곧 마음을 추스리고 홍봉주를 똑바로 보며 말했다.

"지나간 일이고, 적법한 절차에 따라 시행된 일인데, 지금 와서 어쩌란 말이오?"

'지나갔다', '적법했다'는 말에 울컥한 홍봉주는 대원군에게 따져 물었다.

"어떻게 죄 없는 수많은 사람들을 처형한 것이 정당하다는 것입니까? 지금이라도 사과해야 하는 것 아닙니까?"

그러나 대원군의 태도에는 변함이 없었다.

분을 삭이지 못한 홍봉주는 평소 안면이 있던 나신앙 변호사를 찾아가 방금 있었던 일을 이야기하였다. 그리고 역사공화국 한국사법정에서 제대로 심판을 받아 보고자 대원군을 고소하기로 마음먹고 고소장을 작성하였다.

왜 천주교 박해가 일어났을까?

천주교의 전파와 발전

우리나라에 천주교가 처음 알려진 것은 임진왜란을 전후해서입니다. 사신으로 여러 차례 명나라를 오가던 이수광이 천주교 교리서인 『천주실의』, 『중우론』 등을 자신의 저서 『지봉유설』에 소개하였지요. 하지만 조선에서는 건국 초부터 유교 즉, 성리학이 성행했습니다. '숭유억불책'이라 하여 유교는 숭상하고 불교는 억누르는 등 다른 종교나 학문에 대해 열려 있지 않았지요.

이후 실학에 대한 관심이 높아지고 서양의 학문 즉 서학에 대한 관심이 커지면서 여러 실학자들이 천주교를 깊이 연구하게 되었습니다. 하지만 그때까지도 천주교는 학문의 일부였을 뿐 신앙으로서는 자리 잡지 못하였습니다.

세도 정치하에서 삼정이 문란해지고 생활이 궁핍해지면서 사람들의 마음이 바뀌기 시작하였습니다. 사회적 불안이 커지자 정신적인 구원을 얻으려는 경향도 심화되었습니다. 사람들은 『정감록』과 같은 예언서를 읽었고, 무속과 같은 민간 신앙에도 의지하였습니다. 그러다가 학자들이 서양 학문의 한 부분으로 연구하던 천주교를 신앙으로 수용하게 된 것입니다.

하지만 천주교를 믿는 사람이 늘면 늘수록 천주교의 앞길은 순탄하지 못했습니다. 천주교에 대한 대대적인 박해가 시작되었기 때문이지요.

유교에서 중요시하는 제사를 치르지 않으려고 한다거나 인간 평등을 주장한다는 것이 박해의 이유였습니다. 조선 사회에 뿌리 깊은 조상 숭배와 반상의 개념이 있었기 때문입니다. 또한 내세 사상을 전파하는 것도 유교적 가치관에 맞지 않는다는 이유로 천주교 박해의 구실이 되었습니다.

하지만 이러한 정부의 박해에도 불구하고 천주교는 서민과 여성을 중심으로 신도가 늘어 크게 확대되어 갔습니다.

천주교 교리서인 마테오 리치의 『천주실의』

원고 | 홍봉주	대리인 | 나신앙 변호사
피고 | 흥선 대원군	대리인 | 조선왕 변호사

청구 내용

나는 풍산 홍씨로, 조선의 양반 가문 출신입니다. 할아버지는 사간원 정언(정6품)과 성균관 전적(정6품)을 지낸 홍낙민이며, 아버지는 홍재영, 어머니는 정약용의 형인 정약현의 딸입니다. 우리 집안은 대대로 천주교를 믿었는데, 그 결과 할아버지는 1801년에, 아버지는 1840년에 순교하였고, 나 또한 천주교를 믿다가 1866년에 처형되었습니다. 그리고 내 사촌들도 1839년에 순교하였습니다. 단지 천주교를 믿었다는 이유만으로 우리 집안은 이처럼 3대에 걸쳐 풍비박산이 났지요.

그러나 이 문제는 우리 집안에만 국한된 것이 아니었습니다. 당시 우리 가족만 천주교를 믿었던 것은 아니기 때문입니다. 내가 처형될 당시 2만 3,000명의 신자가 조선에 있었는데, 이로 미루어 보아 당시 우리 집안과 같은 사람들이 꽤 많았음을 알 수 있습니다. 충청도 면천 출신인 이요한이 1871년에 아들·손자와 함께 3대가 한날에 순교한 것은 좋은 예가 될 것입니다.

이러한 박해는 100년 동안 진행되었고, 그 결과 1만 명에 달하는 신자들이 목숨을 잃었습니다. 특히 흥선 대원군이 1866년에 일으킨 병인박해 때 8,000명이 사망하였는데, 아직도 그때의 피비린내가 떠나지 않는 것 같습니다.

조선 정부는 천주교를 믿었다는 이유로 왜 이렇게 많은 백성들을 죽였을까요? 이들은 반역을 한 적도, 도둑질을 한 적도, 살인을 한 적도 없는 선량한 사람들입니다. 그럼에도 조선 정부는 천주교 신자들을 역적으로 몰아 부당하게 처형했던 것입니다.

따라서 나는 100년 동안 희생된 천주교 신자들을 대표해서, 신자들을 반역자로 규정하고 처형한 박해자들의 대표로 흥선 대원군을 무고 및 명예 훼손 혐의로 고소하며, 아울러 그에 따른 손해 배상을 청구하고자 합니다.

입증 자료

- 중학교 교과서
- 고등학교 교과서
  그 외 자료 추후 제출하겠음.

위 청구인 홍봉주

역사공화국 한국사법정 귀중

조선은 왜 천주교 신자들을 처형했을까?

1. 조선 천주교회는 어떻게 설립되었나?
2. 조선은 왜 천주교를 박해했을까?
3. 조선의 천주교 박해는 정당한가?

1

조선 천주교회는
어떻게 설립되었나?

판사　지금부터 원고 홍봉주가 피고 흥선 대원군을 상대로 제기한 사건의 재판을 시작하겠습니다. 소장을 보니 '무고 및 명예 훼손과 그에 따른 손해 배상 청구'라고 되어 있는데, 원고 측의 나신앙 변호사가 먼저 피고를 고소한 이유에 대해 설명해 주시지요.

나신앙 변호사　네. 피고 흥선 대원군은 1864년 1월 아들 고종이 즉위하면서 어린 아들을 대신하여 정치를 맡았습니다. 그리고 집권 기간 동안 천주교를 박해하여 8,000명에 달하는 천주교 신자들을 희생시켰습니다. 대원군을 고소한 홍봉주도 이때 체포되어 서소문 밖에서 처형되었습니다.

　무릇 홍봉주뿐만 아니라 할아버지 홍낙민은 1801년에 천주교를 믿은 것 때문에 죽음을 당했고, 아버지 홍재영도 1840년에 같은 죄목으로 순교하였습니다. 그리고 외종조 중에 정약종은 1801년에 홍낙민과 함께 순교하였고, 정약용과 정약전은 같은 해 강진과 흑산도로 각각 유배되었습니다.

모반
배반을 꾀한다는 뜻으로 국가나 군주를 바꾸려고 도모하는 것입니다.

　이처럼 홍봉주의 집안은 천주교를 믿는다는 이유로 3대에 걸쳐 집안이 풍비박산 났습니다. 홍봉주의 집안뿐만 아니라, 조선 후기에 천주교를 믿던 사람들은 대부분 이와 비슷한 처지에 있었습니다. 천주교인들은 **모반**을 하지도 않았고, 남의 물건을 훔치거나 남을 다치게 한 일도 없습니다. 그럼에도 불구하고 조선 정부와 대원군은 천주교를 믿는다는 이유만으로 수많은 사람들을 처형했는데, 이러한 조치는 부당하다고 생각하며, 이에 대원군을 고소하게 된 것입니다.

판사　알겠습니다. 피고 측의 조선왕 변호사는 원고 측의 고소 이유에 대해 어떻게 생각하십니까?

조선왕 변호사　피고 측의 말대로 조선 시대에는 많은 천주교인들이 희생되었고, 그에 대해서는 저도 가슴 아프게 생각합니다. 어떤 이유에서건 사람의 목숨은 소중하기 때문에, 8,000명 이상의 천주교 신자들이 목숨을 잃었다는 것은 불행한 일이 아닐 수 없습니다.

　그러나 정부 또는 정부를 대표하는 대원군의 입장에서 볼 때 천주교는 올바른 학문이 아니었습니다. 그래서 법으로 금지했고, 백성들에게 누차 믿지 말도록 경고하였습니다. 그럼에도 불구하고 일부 사람들은 국법을 어기면서까지 천주교를 믿었습니다.

　특히 대원군이 통치할 때는 ▶프랑스와 ▶▶미국의 침입이 있었는데, 이 중 프랑스 군의 침입은 천주교 신자들과 관련이 있습니다. 이번에 반환받은 외규장각 도서도 이때 프랑스 군이 약탈해 간 것이지요. 천주교 때문에 다른 나라의 침략을 받게 된 상황에서, 조선이 국법을 어긴 천주교인들을 탄압한 것은 당연한 일이라고 생각합니다.

판사 국법에 따른 당연한 처벌이었다는 말씀이군요. 그런데 아까 나신앙 변호사의 말 중에 원고의 할아버지가 1801년에 천주교 때문에 죽음을 당했다는 이야기가 있었습니다. 그렇다면 천주교는 1801년 이전에 이미 조선에 도입되었다는 말인데, 구체적으로 언제 어떻게 들어왔나요?

홍봉주 흥선 대원군을 고소한 원고인 제가 직접 말씀드리겠습니다.

판사 좋습니다. 원고는 진술해 주세요.

홍봉주 ▶▶▶조선에 천주교가 알려진 것은 17세기 초부터였습니다. 당시 중국에는 **예수회 선교사**들이 진출해 있었는데, 베이징에 간 조선의 사신들이 서양 문물에 대한 지식을 얻고자 자주 선교사들과 접촉했습니다.

예를 들어 정두원은 1631년에 로드리게스 신부를 만나 과학 기구와 서적을 얻어 귀국하였고, 1720년에는 이이명이 쾨글러 신부와 수아레스 신부를 방문했습니다. 그리고 1766년에는 여러분도 잘 아시는 북학파 홍대용이 할러슈타인 신부를 만나 서양의 학문과 종교에 관하여 이야기를 나누었습니다.

교과서에는

▶ 흥선 대원군의 천주교 탄압으로 9명의 프랑스 선교사와 수많은 천주교도들이 처형됩니다. 프랑스는 이를 구실로 1866년에 조선과의 통상을 요구하며 강화도에 침입해 오지요. 이를 '병인양요'라 부릅니다.

▶▶ 1866년에 미국 상선인 제너럴 셔먼호가 평양 가까이 다가와 통상을 요구하다 행패를 부리자 평양의 관민이 제너럴 셔먼호를 불살라 버렸습니다. 이를 알게 된 미국 함대가 1871년에 강화도에 침입해 온 사건으로 이를 '신미양요'라 부릅니다.

▶▶▶ 중국에 간 사신들이 서양인 선교사로부터 천주교에 관한 서적을 얻어 오면서 우리나라에 천주교가 전해졌습니다.

중국에서 선교사들을 만난 사신들은 선교사들이 한문으로 저술하거나 편찬한 책(서학서)들을 구입하여 조선으로 가져왔습니다.

나신앙 변호사　어떤 책이었나요?

홍봉주　이때 조선에 전래된 서학서로는 천문 해설서인 『천문략』(1615년, 디아즈), 서양 산술 책인 『기하 원본』(1607년, 유클리드, 마테오 리치 역), 물을 모으고 저장하는 방법을 기록한 『태서 수법』(1612년, 우르시스 편), 세계 지도인 〈곤여 만국 전도〉(1602년, 마테오 리치), 세계 인문 지리서인 『직방외기』(1623년, 알레니), 서양의 학문과 교육 제도를 소개한 『서학범』(1623년, 알레니), 천주교 교리서인 『천주실의』(1595년, 마테오 리치), 『칠극』(1614년, 판토하), 『영언여작』(1624년, 삼비아시) 등입니다. 당시 조선의 지식인들은 이러한 서학서들을 통해 서양의 우수한 과학 기술과 지리·천문 지식을 얻을 수 있었고, 아울러 천주교에 대해서도 알게 되었습니다.

나신앙 변호사　그런 경로로 천주교가 조선에 알려지게 되었군요. 그렇다면 조선에 천주교가 소개된 것과 천주교회가 설립된 것은 다른 것인가요?

이탈리아의 예수회 선교사로 처음으로 중국에 선교한 마테오 리치. 중국에서 교리를 전하기 위해서 서양의 학술을 중국어로 번역하였으며 그의 저서인 『천주실의』는 조선의 천주교 성립에 큰 영향을 미쳤습니다.

홍봉주　　그렇습니다. 천주교회가 설립되었다는 것은 '신자 집단' 혹은 '신자 공동체'가 형성된 것을 말하기 때문에, 단순히 서양의 새로운 종교가 알려진 것과는 다른 개념입니다.

나신앙 변호사　　그렇다면 조선에서 천주교회는 언제 설립되었나요?

홍봉주　　앞서 이야기했듯이, 중국을 통해 서양의 학문과 종교인 서학(西學)을 접한 조선의 지식인들은 매우 다양한 반응을 보였습니다. 서학을 전면적으로 배격하는 사람들이 있는가 하면, 서양의 과학 기술은 실증·실용적인 것으로 높이 평가하되 천주교는 올바르

조선의 지식인들은 이러한 서학서들을 통해 서양의 우수한 과학 기술과 지리·천문 지식을 얻을 수 있었고, 아울러 천주교에 대해서도 알게 되었지요.

지 못한 사학(邪學)이라고 배척하는 사람들이 있었습니다. 그리고 이들과는 달리 서학을 전면적으로 수용하는 가운데 천주교를 신앙으로까지 받아들이려는 사람들도 있었습니다.

강학회
학문을 닦고 연구하기 위하여 뜻이 맞는 사람들끼리 갖는 모임을 말합니다.

판사　어떤 사람들이 천주교를 신앙으로 받아들였나요?

홍봉주　천주교에 관심을 가졌던 사람으로 녹암 권철신과 그의 제자들이 있었습니다. 권철신은 성호 이익의 제자였고, 경기도 양근에 살고 있었습니다. 그는 1776년 무렵부터 제자들을 받아들여 녹암계를 형성했는데, 홍낙민, 이승훈, 정약전, 이벽, 정약용 등이 권철신의 제자였습니다. ▶이들은 서양의 문물을 소개한 서학서에 많은 관심을 갖고 그 내용을 탐구했는데, 그 과정에서 천주교 교리에 대해서도 이해하게 되었습니다.

　권철신은 그의 제자들과 함께 학문을 연구하기 위한 **강학회**도 자주 열었습니다. 이들의 모임 장소로는 천진암(현 경기도 여주군 퇴촌면 우산리) 등지가 이용되었고, 1779년 겨울에는 주어사(현 경기도 여주군 산북면 하품리)에서 강학회가 열렸습니다. 이때 이벽, 정약전, 김원성, 이총억, 권상학 등이 참석해서 10여 일 동안 유교 경전과 서학서들을 탐구하는 가운데 천주교에 대해서도 토의했다고 합니다.

판사　그렇다면 강학회를 통해 천주교회가 설립된 것인가요?

홍봉주　아닙니다. 조선 천주교회의 설립과 관련해서는 이벽의 활동을 주목할 필요가 있습니다. 이벽은 강학회 이

교과서에는

▶ 천주교를 접한 양반들은 서양 학문의 한 부분으로 이를 연구하였습니다.

북당
당시 중국 베이징에 있던 성당 중의 하나로 1703년에 건축되었습니다. 베이징에는 이외에 1605년에 세워진 남당(南堂)과 1653년에 세워진 동당(東堂), 그리고 1725년에 세워진 서당(西堂) 등 네 개의 천주교당이 있었습니다.

중인
조선 사회는 신분제 사회로 양반, 중인, 양인, 천인의 구분이 있었습니다. 이 중 관청의 행정 실무를 보던 향리나 서리, 기술직에 종사하던 역관(譯官), 의관(醫官), 율관(律官) 등이 중인 계급에 속합니다.

후에도 계속 천주교 교리를 연구하였고, 나아가 선교사들이 있는 베이징 교회에 관심을 갖게 되었습니다. 그러던 차에 1783년 말, 동료인 이승훈이 사신(연행사)으로 청나라에 가는 아버지 이동욱을 따라 베이징에 가게 되었습니다. 이 소식을 들은 이벽은 이승훈을 찾아가 베이징에 가거든 선교사들을 만나 교리를 배우고 필요한 서적을 가져오라고 부탁했습니다.

베이징에 도착한 이승훈은 **북당**(北堂)을 찾아갔습니다. 그리고 그곳에서 자신이 좋아하는 수학과 천주교 교리를 배운 후 1784년 2월에 그라몽 신부에게서 베드로라는 세례명으로 세례를 받았습니다.

판사　　이후 어떤 일들이 벌어졌습니까?

홍봉주　　3월에 이승훈은 여러 서학서들을 가지고 돌아왔고, 그 책들을 이벽에게 주었습니다. 이벽은 얼마 동안 이 책을 깊이 연구했고, 이후 자신이 깨달은 내용들을 이승훈과 함께 전하기 시작했습니다. 먼저 정약전과 정약용 형제에게 교리를 설명해 주었고, 양근의 권철신, 권일신 형제에게도 그 내용을 전했습니다. 그리고 김범우를 비롯하여 최창현, 최인길, 지황 등 **중인**들에게도 천주교를 전파하였습니다.

이렇게 하여 자신들의 생각에 공감하는 사람들이 늘어나자, 이벽은 이승훈과 의논하여 조선에서도 세례식을 거행하기로 하였습니다. 그리하여 책에서 본 내용과 이승훈이 베이징에서 보고 배운 것을 토대로, 1784년 겨울 수표교 인근에 있던 이벽의 집에서 첫 번째 세례식을 거행했습니다. 이때 이벽과 정약용, 권일신 등이 이승훈에게 세례를 받았고, 이로써 조선에도 '신자 공동체' 즉 천주교회가 탄생하게 된 것입니다.

판사 잘 알겠습니다. 17세기 초부터 서학이 조선의 지식인들에게 소개되었고, 지식인들의 다양한 반응 속에서 권철신 계열이 천주교를 신앙으로 받아들이면서 1784년 겨울, 조선에 천주교회가 설립되었다는 이야기군요. 그렇다면 조선 정부에서는 왜 천주교를 박해했나요?

조선에 들어온 서학서

조선의 지식인들은 17세기 이래 서학서를 접하면서 서양의 과학 기술과 천주교를 알게 되었어요. 당시 조선에 수입된 서학서는 대략 다음과 같습니다.

● **천문·과학 기술서**

『천문략(天問略)』, 『치력연기(治曆緣起)』, 『시헌력(時憲曆)』, 『간평의설(簡平儀說)』, 『기하원본(幾何原本)』, 『일월식추보서(日月蝕推步書)』, 『원경설(遠鏡說)』, 『태서수법(泰西水法)』, 〈방성도(方星圖)〉, 〈육편방성도(六片方星圖)〉, 〈서국방성도(西國方星圖)〉, 〈성토개척도(星土開坼圖)〉, 〈서국혼천도(西國渾天圖)〉, 〈혼개통헌도설(渾蓋通憲圖說)〉 등

● **지도·지리서**

『곤여도설(坤輿圖說)』, 『건곤체의(乾坤體義)』, 『직방외기(職方外起)』, 〈곤여만국전도(坤輿萬國全圖)〉, 〈대지전도(大地全圖)〉 등

● **천주교 교리서**

『천주실의(天主實義)』, 『칠극(七克)』, 『교우론(交友論)』, 『주제군징(主制群徵)』, 『영언여작(靈言蠡勺)』, 『만물진원(萬物眞原)』 등

2

조선은 왜 천주교를
박해했을까?

흥선 대원군　　그 문제는 제가 말씀드리겠습니다. 천주교 측의 기록에 따르면, 조선 천주교회는 설립된 이후 꾸준히 신자 수가 증가했습니다. 교회가 설립된 지 5년 만인 1789년에 신자 수가 1,000명이었고, 1800년에는 1만 명, 1865년에는 2만 3,000명까지 신자 수가 늘어났다고 합니다. 지역적으로도 북쪽의 함경도, 평안도에서부터 남쪽의 제주도까지 조선 전역에 천주교 신자들이 분포되어 있어요. 그러니까 제가 집권할 당시에는 이미 수많은 천주교도들이 조선 8도에서 신앙 생활을 하고 있었던 것입니다.

　그런데 천주교에서 신자들에게 가르치는 내용을 보면, 국가에서 백성들에게 가르치는 것과는 전혀 달랐습니다. 그러니 제 입장에서는 국가의 가르침을 따르지 않는 집단이 수적으로나 지역적으로 확

조선 천주교회는 설립된 이후 꾸준히 신자 수가 증가했습니다. 지역적으로도 북쪽의 함경도·평안도에서부터 남쪽의 제주도까지 조선 전역에 천주교 신자들이 분포되어 있었습니다.

교과서에는

▶ 정조 때에는 천주교를 심하게 금지하지 않았으나, 순조가 즉위하면서 천주교에 대한 박해가 본격화되었습니다.

산되는 상황을 막을 수밖에 없었습니다. 역사적으로 볼 때에도 천주교를 탄압한 것은 저만이 아닙니다. ▶1801년에는 순조께서, 그리고 1839년에는 헌종께서 〈척사윤음(斥邪綸音)〉을 반포해서 공식적으로 천주교를 이단 사설(邪說)로 규정하고 금지하였지요.

판사   그러니까 천주교의 가르침이 당시의 지배 이념인 유교의 가르침과 달랐기 때문에 정부에서는 천주교회의 설립 초기부터 탄압하지 않을 수 없었다는 말이군요. 그 '차이'가 얼마나 심했기에 수많은 사람들의 목숨까지 희생시켜야 했나요? 그 정도로 천주교와 천주교 신자들이 국가에 위협이 되었나요?

조선왕 변호사　　천주교도들이 얼마나 국가에 위협적인 존재였는지는 1801년에 공식적으로 천주교 박해령을 내린 정순 왕후를 불러 들어보도록 하겠습니다.

판사　　그렇게 하시지요. 정순 왕후는 나와서 증인 선서를 해 주시지요.

정순 왕후　　선서. 나, 정순 왕후는 진실만을 말할 것을 맹세합니다.

판사　　네, 증인은 질문에 답변해 주시지요.

정순 왕후　　여러분도 잘 아시듯이, 조선 왕조는 유교를 통치 이념으로 합니다. 그리고 유교에서 강조하는 사회 질서는 **삼강오륜**(三綱五倫)입니다. 삼강은 유교 사회의 도덕적 기준이 되는 세 가지 강령이며, 오륜은 사람이 항상 실천해야 할 다섯 가지 도리입니다. 이러한 가치는 인간이라면 누구나 지켜야 할 덕목인데, 천주교 신자들은 지키지 않습니다.

　먼저 천주교 신자들은 군신의 의리를 부정합니다. 그들은 임금이 아니라 교황이니 교주니 하는 사람들을 따릅니다. 그리고 임금의 명령보다 천주의 명령을 더 중요하고 무겁게 여깁니다. 이러한 상황에

<척사윤음>
천주교를 배척하기 위해 임금이 내린 명령입니다.

삼강오륜
삼강은 군위신강(君爲臣綱), 부위자강(父爲子綱), 부위부강(夫爲婦綱)으로, 임금과 신하, 어버이와 자식, 남편과 아내 사이에 마땅히 지켜야 할 도리, 즉 충효(忠孝)와 남편에 대한 아내의 순종을 강조한 것이지요. 신하는 임금에 대해, 자식은 아버지에 대해, 아내는 남편에 대해 절대적으로 순종하고 섬겨야 한다는 삼강의 윤리는 국가의 통치 체제를 지탱하는 기틀이 되었습니다. 오륜은 부자유친(父子有親), 군신유의(君臣有義), 부부유별(夫婦有別), 장유유서(長幼有序), 붕우유신(朋友有信)을 말해요. 삼강과 함께 부자, 군신, 부부, 어른과 아이, 친구 사이에 지켜야 할 기본적인 실천 윤리랍니다.

서는 임금의 명령이 시행될 수 없어요. 임금의 명령이 시행되지 않는다면 어떻게 나라를 통치하겠습니까.

다음으로, 사람은 부모가 낳아 길러 주십니다. 따라서 부모의 은혜는 하늘같이 높아서 갚을 길이 없습니다. 그러나 천주교인들은 나를 낳은 이는 육신의 부모이고 천주는 영혼의 부모라고 하면서, 천주를 부모보다 더 소중하고 친하게 생각합니다. 이것은 부모를 배반하고 멸시하는 것으로 천륜을 어기는 일이 아닐 수 없습니다.

또 천주교인들은 제사도 지내지 않습니다. 제사는 조상을 추모하고 그 은혜에 보답하는 것입니다. 그런데 천주교인들은 제사를 폐지하고 신주를 부수었습니다. 포악한 범과 이리도 부자의 정이 있고, 승냥이와 수달도 오히려 제사를 지내는 의리가 있다고 합니다. 그런 의미에서 본다면, 저들은 사람이면서도 이 짐승들만도 못한 존재들입니다.

남녀 관계에 있어서도, 남녀가 부부가 되어 자식을 낳는 것은 바꿀 수 없는 이치입니다. 그런데도 천주교인들은 시집가고 장가들지 않는 사람들이 있습니다. 그들은 그러한 행동을 깨끗한 덕[정덕(貞德)]이라고 꾸미지만, 결혼을 하지 않으면 어떻게 자식을 낳아 집안의 대를 잇습니까. 또 저들 중에는 남녀가 섞여 살면서 풍속을 어지럽히는 행동을 한다는 소문도 있습니다.

신분제와 관련해서도 천주교인들은 사회를 혼란시키고 있습니다. 천주교에는 상하의 구분이 없다고 선전하면서, 노비나 천인이라 하더라도 일단 천주교에 들어오면 형제처럼 대한답니다. 그러나 조선은 신분제 사회이고 엄격한 상하 질서를 토대로 국가가 유지되고 있습니다. 만약 천주교 신자들의 말처럼 신분의 구분이 사라진다면 사회가 혼란해질 게 분명합니다.

뿐만 아니라, 천주교인들은 신부와 교우라고 일컬으면서 성명을 변경하여 각기 다른 **호칭**을 갖는데, 이것은 중국의 **황건적(黃巾賊)**이나 **백련교(白蓮敎)**의 무리와 같다고 하겠습니다. 그리고 1801년에 처형된 황사영이 '바다 건너에 있는 서양인들을 불러들여 이 나라를 바칠 계획'을 꾸몄듯이, 천주교인들은 반역의 소지가 있는 역적의 무리들입니다.

이처럼 천주교와 천주교인들은 조선 사회에서 중요시했던 유교적 가치를 무시했고 결국에는 나라를 서양 오랑캐에게 바치려는 계획까지 세웠습니다. 이러한 상황에서 판사님이라면 이들을 그대로 놓아 두시겠습니까?

판사 글쎄요. 아무튼 지금 이야기한 것들이 천주교를 탄압한 이유입니까?

흥선 대원군 중요한 이야기들은 대체로 했습니다만, 제가 몇 가지 내용을 더 말씀드리겠습니다. 천주교인들은 신자가 되기 위해 세례를 받고 **견진(堅振)**이라는 것을 받는데, 그러한 의식은 마귀에 홀린 무당이 부적이나 정화수로 신에게 빌면서 세상을 현혹시키는 것에 불과합니다. 그리고 살기를 즐거워하고 죽기를 싫어하는 것이 인지상정인데, 그들은 죽는 것을

호칭
천주교 신자들의 세례명을 말합니다.

황건적
중국 후한 말의 비밀 결사로, 황건의 난(184~204년경)을 일으켰습니다. 반란 지도자인 장각은 전염병이 번질 때 도가의 치료술로 많은 추종자들을 모았지요. 이들은 오행의 토(土)를 의미하는 노란 머릿수건(황건)을 두르고, 자신들이 화(火)에 해당하는 한 왕조를 계승하리라고 믿었습니다. 장각은 184년에 병으로 죽었으나, 반란은 이후 약 20년간 계속되어 각지를 어지럽혔지요.

백련교
중국의 민간 종교 중의 하나로 천년 왕국이 인간 세계에 실현될 것이라고 선전합니다. 교도들은 향을 피우고 불공을 드리며 무술도 배웠는데, 원대부터 무장 반란을 일으켜 여러 차례 조정의 탄압을 받았습니다. 시대가 지나면서 백련교는 민간에 널리 퍼져 나갔고, 100여 종 이상의 종파가 생겨났습니다.

견진
'견진 성사'를 줄인 말로, 세례를 받은 신자에게 성령과 그의 선물을 주어 신앙을 성숙하게 하는 성사를 말합니다.

즐거워합니다. 어찌 어리석고 망령된 자들이 아니라고 하겠습니까.

그들은 '하늘을 공경하고 존숭한다'고도 말합니다. 그러나 그들이 하늘을 공경하고 높이는 행위는 하늘에 죄를 용서받고 은총을 구하는 것인데, 그것은 하늘을 속이고 업신여기는 일입니다. 하늘을 공경하고 존숭한다면 하늘이 명한 사단(四端)과 오륜을 밝히고 날마다 하는 행동이 이치에 합당해야 하는 것입니다. 천주교인들처럼 단순히 하늘에 복을 바라는 것은 결코 하늘을 공경하는 것이 아닙니다. 이러한 차이도 우리가 천주교를 배척하는 이유 중 하나입니다.

그리고 천주교인들은 '삼위일체(三位一體)'라는 교의를 주장합니다. 즉, 천주와 예수가 동일한 존재라는 허무맹랑한 이야기를 하며, 또 예수가 죽었다가 부활해 하늘로 올라갔다는 거짓된 말로 사람들을 속입니다. 그리고 영혼이 불멸한다는 등 불교처럼 천당과 지옥이 있다는 등 하며 사람들을 현혹시키지요. 즉, 죽은 후에 악한 영혼은 지옥에 떨어져 지옥불의 고통을 겪는 반면, 착한 영혼은 천당에 가서 영원한 복락을 누린다고 합니다.

그러나 삼강오륜을 무시하는 천주교인들이 죽은 후에 천당에 올라가 복을 받겠다고 하는 건 옳지 않습니다. 복은 하늘의 명에 따라 삼강오륜에 맞게 행동할 때 저절로 얻게 되는 것이지요. 아울러 사람의 혼은 불멸하는 것이 아니라 죽은 후에 흩어져 없어질 뿐입니다.

사단
인, 의, 예, 지(仁義禮智)를 말합니다.

삼위일체
성부(聖父), 성자(聖子), 성령(聖靈)이 하나라는 교의입니다. 즉, 하느님은 세 가지 위격(位格)을 지녔지만 하나의 본성으로 존재한다는 것을 뜻합니다.

조선왕 변호사　피고가 지금까지 설명한 내용처럼, 조선 왕조가 천주교를 배척했던 것은 천주교가 당시 조선 사회를 이끌던 유교와 가치관이 달랐기 때문입니다. 즉, 천주교는 유교 사회에서 절대시하였던 임금과 아버지의 존재를 무시했습니다. 천주를 대군 대부(大君大父)라고 하며 군부를 낮추었습니다. 그리고 신분제 사회인 조선에서 모든 인간은 신분의 고하를 막론하고 천주 앞에서 평등한 형제라고 함으로써 명분을 혼란시켰습니다. 아울러 남녀의 구별이 엄격했던 유교 사회에서 여성도 남성과 똑같은 인격체로서 신앙 생활을 할 수 있다고 했습니다.

정순 왕후　맞습니다. 군부의 권위를 저버리는 것은 충효(忠孝)의 덕목을 끊는 것이며, 평등 의식은 신분제를 토대로 성립된 조선 사회에 대한 도전입니다. 그리고 남녀유별(男女有別)을 어긴 부분은 인륜을 파괴하는 짐승과도 같은 행위입니다. 특히 1791년 천주교 신자인 윤지충과 권상연이 제사를 폐지하고 신주를 불태운 일이 있는데, 이러한 일만 보더라도 천주교인들이 얼마나 불충하고 불효한 존재인가를 알 수 있습니다.

조선왕 변호사　네, 결국 삼강오륜을 교화의 근본으로 삼고 있는 조선 사회에서 천주교를 탄압한 행위는 정당하며, 이 문제로 소송을 제기한 것 자체가 잘못이라고 생각합니다.

나신앙 변호사　판사님! 지금 피고 측 변호사는 자신의 입장에서 지나치게 일방적인 의견을 내세우고 있습니다.

판사　그렇다면 원고 측 변호사가 반론해 보시지요.

천주교의 전래

천주교는 중국을 통해 우리나라에 전해졌습니다. 중국에 간 사신들이 그곳에 와 있던 서양인 선교사로부터 천주교에 관한 서적을 얻어 오면서 알려지게 되었지요. 천주교를 접한 양반들은 처음에는 서양 학문의 한 부분으로 이를 연구하였는데 정조 때에 몇몇 학자들이 신앙으로서 천주교를 믿기 시작하였고, 이승훈이 청나라에서 서양인 신부에게 세례를 받고 돌아온 뒤에 천주교회가 창설되었습니다. 이승훈이 세례를 받은 내용은 당시 베이징 교회의 책임자였던 구베아 주교의 서한에 잘 나타나 있는데, 이 서한을 통해 이승훈이 세례를 받는 과정을 살펴봅시다.

……1784년에 조선 왕국의 한 사신의 아들이 수학을 배우기를 원하다가, 서양 선교사로부터 교리를 듣고 또 수학에 관한 책들을 얻으려고 베이징의 성당에 찾아왔습니다. 서양 선교사들은 그 조선 사람에게 수학을 가르쳐 주면서 틈틈이 그리스도교의 기초 교리를 가르치는 데 마음을 썼으며, 그 교리가 담긴 책들을 그에게 주었습니다. 그것이 주효하여 그 사람은 천주교의 진리를 깨닫고 영세를 청했으며, 사신으로 온 아버지의 승낙과 동의를 얻어 세례를 받았습니다. 이 새 신자는 그해에 자기 나라로 돌아갔는데, 성은 이가이며, 베드로라는 세례명을 받았습니다……. (구베아 주교가 로마 교황청의 포교성성 장관인 안토넬리 추기경에게 보내는 서한, 1790년 10월 6일)

3

조선의 천주교 박해는
정당한가?

나신앙 변호사　　지금까지 피고 측은 자신들이 천주교를 박해한 것이 정당하다고 주장했습니다. 그러면서 내세운 명분이 천주를 임금과 아버지보다 높이는 것, 조상 제사를 폐지한 것, 결혼하지 않는 동정녀, 신분이 다른 사람들이 서로 어울리는 것 등 당시 천주교인들의 행동을 문제 삼고 있습니다. 그리고 영혼이 불멸한다거나 천당과 지옥이 있다는 교리 자체가 허황되기 때문에 탄압했다고 이야기합니다.

판사　　요지는 그러하지요.

나신앙 변호사　　조선 왕조가 지배 이념으로 삼았던 유교의 입장에서 볼 때 정부가 행한 천주교 비판과 탄압은 당연합니다. 자신들과 가치 기준이 다른 천주교를 허용한다면 사회의 토대 자체가 흔들릴

수 있기 때문입니다. 특히 임금과 아버지의 권위를 천주의
권위보다 낮게 본 것이나, 조상 제사를 폐지한 것, 그리고
신분이 다른 사람들이 형제처럼 어울리는 것은 조선 사회
에서 용납되기 어려웠을 것입니다.

조선왕 변호사   피고 측 변호사도 우리 측 주장을 인정하시
는 것입니까?

나신앙 변호사   그렇지 않습니다. 저는 조선이 천주교를 비판한 것
은 천주교에 대한 이해가 부족해서 나온 결과라고 생각합니다. 이에
대해서는 1839년에 순교한 정하상을 증인으로 불러 증언을 듣고자
합니다.

판사   받아들입니다. 증인 정하상은 나와서 선서해 주십시오.

정하상   선서. 나 정하상은 진실만을 말할 것을 맹세합니다.

나신앙 변호사   증인, 질문하겠습니다. 증인은 원고와 어떤 관계입
니까?

정하상   제가 원고의 5촌 외당숙이 됩니다. 그러니까 원고의 어머
니가 저와 **사촌** 간이지요.

나신앙 변호사   그렇군요. 증인 정하상은 원고와 친척 간이고, 원고
처럼 천주교를 믿다가 1839년 기해박해 때 순교했습니다. 증인은
〈상재상서(上宰相書)〉라는 글에서 조선 정부가 천주교를 박해하는
것은 천주교에 대한 이해가 부족하기 때문이라고 했는데, 그것에 대
해 말씀해 주십시오.

정하상   그러지요. 변호사께서 소개해 주셨듯이, 저는 1839년에

사촌
정하상은 정약용의 셋째 형인
정약종의 아들입니다. 정약현,
정약전, 정약종, 정약용 형제 중
정약현의 딸이 홍봉주의 어머니
입니다.

천주교를 믿었다는 이유로 처형당했습니다. 그리고 처형되기 직전에 당국자들이 좀 더 천주교를 이해하기를 바라는 마음에서 '재상(宰相)에게 올리는 글'을 작성했던 것입니다.

제가 생각하기에 정부에서 천주교를 금지하고 탄압했던 것은 처음부터 그 교리가 어떠한 것인지를 모르고 한 행동입니다. 제대로 알았다면 그처럼 사악한 도로 규정하고 수많은 사람을 희생시키지는 않았을 것입니다. 천주교 신자들도 죽기를 싫어하며 나라의 명령을 어기고 싶어 하지 않습니다. 그러나 천주교를 알았을 때 저희들

왜 천주교 박해가 일어났을까?

은 천주의 가르침을 따르지 않을 수 없었습니다. 만약 박해자들도 천주교에 대해 이해하려고만 했다면 저희와 같은 생각을 했을 것이라고 확신합니다.

조선왕 변호사　너무 주관적인 이야기이군요. 천주교를 비판하는 사람들은 천주교를 잘 알지도 못하면서 무조건 반대만 한다는 식으로 들리는데, 그것이야말로 잘못된 생각입니다. 조선의 유학자들은 천주교회가 설립되기 전부터 서학서를 접했고, 그 과정에서 천주교와 유교의 차이점을 알고 반대해 왔던 것입니다.

정하상　물론 인정합니다. 그러나 그러한 비판도 유교의 입장만 강조되었다는 데 문제가 있습니다. 자기 것만을 고집할 때 상대방을 이해하기란 거의 불가능합니다. 그럼 앞서 피고 측에서 비판했던 내용들을 토대로, 조선 왕조가 얼마나 천주교에 대한 이해가 부족했는지를 말씀드리겠습니다.

판사　자세히 설명해 주시지요.

정하상　먼저 피고 흥선 대원군과 같은 천주교 박해자들은, 천주교에서 천주를 임금과 아버지보다 더 높게 여기는 것을 '임금도 아버지도 모른다(無君無父)'라고 해석해 비판합니다. 그러나 천주교에서 가르치는 **10계명**을 보면 '부모에게 효도하라'(4계명)는 내용이 있습니다. 이것은 충과 효를 겸한 말로, 천주교 신자들은 이 가르침에 따라 정성을 다하여 부모에게 효도하고 임금에게 충성하고자 했습니다. 따라서 천주교 신자들이 임금과 아버지를 무시했다는 비판은

10계명
1계명: 한 분이신 하느님을 흠숭하여라. 2계명: 하느님의 이름을 함부로 부르지 마라. 3계명: 주일을 거룩히 지내라. 4계명: 부모에게 효도하여라. 5계명: 사람을 죽이지 마라. 6계명: 간음하지 마라. 7계명: 도둑질을 하지 마라. 8계명: 거짓 증언을 하지 마라. 9계명: 남의 아내를 탐내지 마라. 10계명: 남의 재물을 탐내지 마라.

천주교에서 가르치는 10계명에는
'부모에게 효도하여라'(4계명)가 있는데
이것은 충과 효를 겸한 말로
천주교 신자들은 이 가르침에 따라
정성을 다하여 부모에게 효도하고
임금에게 충성하고자 했지요.

얘들아, 부모님께
효도해야 한다~.

네~.

전혀 사실과 다릅니다.

다만 당시 ▶조선에서는 천주교를 금지했고 이에 따라 가정에서도 금지한 경우가 있는데, 신자들이 나라의 금지령을 어기고 신앙생활을 계속한 것이 임금과 아버지를 무시한 행동으로 보일 수 있습니다. 그러나 이 세상은 천주가 창조했고, 그에 따라 임금도 부모도 모두 천주가 만든 피조물입니다. 즉, 한 집안에서 중요한 사람은 아버지이지만, 아버지보다 더 높은 사람은 나라의 임금이고, 임금보다 더 중요한 존재는

교과서에는

▶ 정부가 천주교를 금한 이유는, 천주교가 유교의 제사의식을 무시하고 천주교의 인간 평등과 내세 사상이 조선의 사회 질서를 위협한다고 여겼기 때문입니다.

왜 천주교 박해가 일어났을까?

바로 천지를 창조한 천주입니다. 따라서 천주는 대군(大君)이요 대부
(大父)입니다.

이러한 상황에서 아버지의 말을 듣고 임금의 명령을 어기면 죄가
무겁듯이, 임금의 명령을 듣고 천주의 명령을 어기면 그 죄가 더 무
거울 것입니다. 신자들은 임금의 명령을 일부러 거부한 것이 아니라
더 높은 분의 명령을 따른 것입니다. 그러므로 천주교 신자가 임금
과 부모를 무시했다고 하는 것은 잘못된 비판이며, 천주가 어떤 분
인가에 대한 이해의 부족에서 나온 결과입니다.

조선왕 변호사　증인의 말처럼 천주교의 10계명 중에 부모에게 효
도하라는 내용이 있다면, 조상에 대한 제사를 폐지하고 조상의 혼이
깃든 신주를 불태워 묻은 행동이 효도입니까?

정하상　조 변호사님의 말처럼, 조상에게 제사를 지내지 않고 신
주를 불태운 행위는 천주교 신자들이 비난받는 가장 커다란 이유입
니다. 조상의 은혜를 저버린 패륜아로 간주되지요. 그러나 천주교에
서 죽은 사람 앞에 술과 음식을 바치는 것을 금지한 이유는, 죽은 사
람의 영혼은 술이나 밥을 먹을 수 없다고 생각하기 때문입니다. 즉
음식은 육신을 먹이는 것이고 영혼의 양식은 도덕이므로, 먹지도 못
하는 음식을 부모에게 드리는 것은 헛되고 거짓된 예라고 생각하는
것이지요.

신주 또한 한낱 나뭇조각에 불과하며 그 속에 아무것도 없는데,
부모의 혼이 깃들었다고 하면서 공경하는 것은 올바른 도리가 아닙
니다. 그렇기 때문에 많은 신자들이 신주를 불태웠던 것입니다.

7성사

그리스도가 정한 7가지 성사로, 세례 성사, 견진 성사, 고해 성사, 성체 성사, 혼인 성사, 신품 성사, 병자 성사를 말합니다.

최양업

김대건 신부에 이어 조선인으로서는 두 번째로 신부가 된 인물입니다. 김대건과 함께 마카오로 유학을 갔으며, 1849년에 청나라 상하이에서 사제 서품을 받았고, 그 후 조선에 입국하여 활동하다가 1861년에 사망하였습니다.

조선왕 변호사　　판사님, 지금 증인의 진술을 들으신 대로 천주교와 유교의 사상 간에는 너무나 큰 차이가 있다는 것을 알 수 있습니다. 그렇다면 천주교 신자가 시집가지 않는 이유는 무엇이며, 일곱 살만 되어도 남녀가 한자리에 앉지 않는 법인데, 남녀 신자가 서로 섞여 사는 것은 왜 그렇습니까?

정하상　　신자들이 혼인하지 않는 것에 대해 십안의 대를 끊는 행위라고 비난하는 것을 압니다. 혼인은 인간이 지켜야 할 큰 윤리이니, 그것을 거부하는 것이 전통적인 가족 질서를 파괴하는 패륜 행위로 인식되었겠지요. 그러나 여성 신자들이 혼인하지 않는 것은 천주를 좀 더 충실하게 섬기기 위해서입니다. 그렇다고 천주교에서 혼인을 부정하는 것도 아닙니다. 오히려 **7성사**(聖事) 중에 혼인 성사가 있을 정도로 성스럽고 중요하게 생각하고 있었습니다. 그렇기 때문에 혼인하지 않는 것이 사회에서 문제가 되자, **최양업** 신부같은 사람은 신자들에게 결혼을 권하거나 명령하기까지 했던 것입니다. 따라서 동정(童貞)에 대한 오해는 천주교의 결혼관을 제대로 알지 못한 결과입니다. 천주교에서는 결코 혼인을 부정하지 않습니다.

　다음으로 천주교는 남녀가 섞여 살며 풍속을 어지럽힌다고 했는데, 이것은 정말로 잘못된 비난입니다. 아마도 천주교 신자들이 신앙 집회를 가질 때 남녀가 함께 모여 있는 것을 가리키는 말인 듯합니다. 여러분도 다 아시다시피, 조선 사회는 남녀의 구별이 엄격하니다. 그러므로 남녀가 자리를 함께하는 것 자체가 비윤리적인 모습으로 보일 수 있습니다. 그렇지만 천주교 신자들은 남자는 방 안에 여자는 방 밖에, 또는 남자는 윗방에 여자는 아랫방에 앉는 식으로 남녀의 자리를 구분해서 모임을 가졌고, 또 10계명 중에는 '남의 아내를 탐내지 마라'와 '간음하지 마라' 하는 가르침이 있습니다. 이처럼 천주교에서는 몸과 마음을 깨끗이 하도록 신자들에게 권하였고, 남녀의 부정한 행위를 용납하지 않았습니다.

정약종
정약용의 셋째 형으로 1801년에 순교하였으며, 최초의 한글 교리서인 『주교요지(主教要旨)』를 남겼습니다.

『신명초행』
다블뤼 주교의 저술로, 1864년에 간행된 교리서입니다.

판사 앞서 피고 측 진술 중에 천주교인들이 명분을 혼란시켰다는 말이 있던데, 과연 천주교에서는 신분제를 부정했나요?

정하상 조선의 유학자들은 일찍부터 천주교가 명분을 어지럽힌다고 비난해 왔습니다. 즉, 천한 백성들을 유혹하려고 천주교에는 귀천의 구별이 없고 신자는 모두 형제라는 말로 꼬였다고 했지요.

이 문제와 관련하여 마테오 리치 신부가 저술한 『천주실의』의 한 대목을 소개하겠습니다. 『천주실의』에서는 인간 사이의 관계를 '같은 아버지의 형제'라고 규정하고 있습니다. 즉, '하느님이 만인의 아버지라면, 세상 사람들은 비록 임금과 신하, 아버지와 아들이라는 차별은 있지만 모두 평등하게 형제가 된다'는 것입니다. 제 아버지인 정약종도 『주교요지』라는 책에서, 모든 사람은 천주 앞에서 똑같은 존재라고 했습니다. 그리고 『신명초행』이라는 교리서에는 "예수는 몸이고, 사람은 몸의 지체(肢體)"라고 함으로써, 천주 앞에서 인간은 한 몸의 지체로서 평등함을 강조하였습니다. 이처럼 천주교에서

는 모든 인간이 천주의 자식이고 예수의 지체이기 때문에 한 형제임을 가르치고 있습니다. 그런 의미에서 본다면 신분제를 부정한다고 할 수도 있겠습니다.

조선왕 변호사　　이제야 바른말을 하시네요. 조선 왕조는 신분제를 토대로 운영되는 사회입니다. 그런데 사회의 운영 원리를 부정한다는 것은 결국 조선 왕조를 부정하는 것이 됩니다. 그렇다면 당연히 탄압의 대상이 될 수밖에 없지요.

정하상　그렇지 않습니다. 조 변호사님이 조금 앞서 가신 듯합니다. 천주교의 교리서에서 말하는 '형제' 또는 '지체'라는 말은 창조주인 천주를 전제로 한 인간관계를 설명한 것이지, 구체적인 사회 현실 속에서 개개의 인간관계를 의미하는 것은 아닙니다. 다시 말해 천주 앞에서 조선의 모든 사회 구성원은 동등한 인간으로서 형제와도 같지만, 이들이 속한 사회적 신분 자체를 무시하고 부정하는 건 아니라는 것입니다.

그렇기 때문에 『천주실의』에는 구체적인 사회 현실 속에서의 인간관계를 다음과 같이 다시 설명하고 있습니다. "세속에서 우리가 하는 일들이란 잡다한 연극을 해내는 연기와도 같다. ……그러므로 배우들은 자기에게 주어진 배역의 높음과 천함, 오램과 짧음을 결코 근심이나 기쁨으로 여기지 않고 오직 맡은 역할을 연기할 뿐이다."

이 말에 따르면, 세속은 연극 무대와 같으며, 그 무대에서 연기하는 사람들은 각자 맡은 배역이 있는데 그 배역에는 높은 것과 천한 것이 있다는 것입니다. 여기서 '높은 것과 천한 것'은 여러 가지를 의미할 수 있지만, 신분의 고하도 그중에 포함됩니다. 따라서 비록 세속의 배역이 잠시의 역할이며 영원한 것은 아니지만, 현세에서의 배역과 역할은 인정하고 있는 것입니다.

판사　수고하셨습니다. 천주교 교리를 자세히 알 수 있었습니다. 원고 측 변호사는 하실 말씀이 더 있으면 진술해 주시지요.

나신양 변호사　증인, 저희 측 입장을 잘 설명해 주셔서 감사합니다. 증인도 이야기했듯이, 천주교는 천주 앞에서 모든 사람들이 평등함을 이야기합니다. 그리고 비록 신분의 고하가 다를지라도 서로 형제처럼 사랑하고 위해 줄 것을 강조합니다. 그러나 이러한 천주교의 가르침이 조선 왕조의 신분제를 당장 부정하는 것은 아닙니다. 물론 이러한 평등 의식이 확산된다면 신분제 역시 부정될 가능성이 있지만, 천주교가 드러내 놓고 신분제를 부정한 적은 없습니다.

흥선 대원군　평등 의식의 확산은 결국 신분제의 부정으로 연결될 것인데, 그것이 바로 우리가 염려한 것이고, 그 때문에 나를 비롯한 역대 임금들이 천주교를 금지하고 천주교 신자들을 처벌했던 것입니다.

홍봉주　저도 한 말씀 드리겠습니다. 증인과 나 변호사가 말했듯이, 천주교에서는 조선의 신분제를 폐지해야 한다고 주장한 적이 없습니다. 신분제가 존재하는 조선의 현실에서, 모든 사람은 천주의 자녀라는 것과 천주교를 믿음으로써 영혼을 구원받을 수 있다고 말했을 뿐입니다.

조선왕 변호사　어쨌든 원고도 신분제 폐지에 대한 천주교의 잠재적인 의도는 인정하시지요?

홍봉주　그렇지 않습니다. 마음속으로 생각한 것에 대해 죄를 물을 수 있나요? 그리고 언제 실현될지도 모를 희망을 가졌다고 벌을 받는 것은 부당합니다. 마찬가지로, 당시 신자들이 가지고 있었던 평등 의식이 사회 현실에 어떠한 영향력을 미쳤나요? 그것 때문에 실제로 조선이 위험했던 적이 있나요? 오히려 천주교회에서는 19세기에 발생한 민란에 대해 부정적이었습니다. 이런 사람들을 어떻게

반역 집단이라고 이야기할 수 있습니까?

나신앙 변호사   조선의 유학자들은 천주교의 근본 교리에 대해서
도 부정적인 입장을 취했습니다. 즉, 창조주로서의 천주를 부정하고,
천당과 지옥이 있다는 것과 영혼이 불멸한다는 것을 부인했습니다.

조선왕 변호사   당연하지요. 만물은 인격적인 어떤 존재가 창조한
것이 아니라, 태극(太極)과 음양오행(陰陽五行)과 같은 원리의 작용으
로 생겨난 것입니다. 그리고 인간이 죽으면 그 혼은 육신에서 분리
된 후 흩어지는데, 죽은 사람의 혼이 영원히 없어지지 않고 천당과

지옥으로 간다고 하니 그저 답답합니다.

나신앙 변호사　　결국 조선 왕조와 천주교의 주장은 서로 다릅니다. 그리고 이 다름은 서로가 상대방을 이해하려는 노력이 없으면 충돌을 일으킬 수밖에 없는데, 천주교와 조선 정부의 입장이 그러했습니다. 물론 조선 왕조가 천주교를 탄압한 것이나 신자들이 이를 부당하게 여긴 것은, 각자의 입장에서 볼 때 모두 정당합니다. 그래서 천주교 신자들 중에는 자신들이 국법을 어긴 죄인임을 인정하고 처벌을 달게 받기도 했습니다. 그러나 실정법으로서의 국법은 인정하지만, 천주의 법에 비추어 국법의 정당성은 결코 인정하지 않았습니다.

판사　　잘 들었습니다. 원고, 피고 양측의 이야기가 모두 설득력이 있군요. 좀 더 듣고 싶지만, 오늘은 시간이 다 되었으니 이것으로 재판을 마치고, 다음 재판에서 양측의 주장을 다시 듣도록 하겠습니다. 수고하셨습니다.

시청자 여러분, 안녕하세요? 역사공화국 법정 뉴스의 다알지 기자입니다. 오늘은 홍봉주 대 흥선 대원군의 재판 첫째 날이었습니다. 재판에서는 먼저 천주교가 조선에 들어온 과정이 설명되었고, 이어 천주교를 박해할 수밖에 없었던 피고 측의 주장과 박해의 부당성을 강조하는 원고 측의 주장이 있었습니다. 대체로 피고 측은 유교에서 중시하는 가치를 천주교가 부정한다고 비판하였고, 원고 측에서는 그러한 비판이 천주교에 대한 무지 혹은 오해에서 비롯되었다고 항변했습니다.

열기가 뜨거웠는데요, 그럼 양측 변호사를 만나 보도록 하겠습니다.

다알지 기자

나신앙 변호사

　　피고 측 주장을 들으면서 천주교에 대한 오해
가 정말 크다는 것을 느꼈습니다. 아울러 그런 오
해 때문에 우리 역사가 왜곡된 측면도 있지 않은가 생
각합니다. 제가 조선의 천주교 박해를 아쉬워하는 것은, 쇄국 정책을
쓰던 조선이 결국에는 일본의 강압으로 문호를 개방했다는 점과 우리
에게는 주체적으로 문호를 개방할 수 있는 기회가 있었는데 놓쳤다는
점입니다. 조금 심한 표현일 수도 있지만, 우리의 근대사가 왜곡된 데
에는 결국 천주교를 탄압했던 사람들에게도 일부 책임이 있다고 생각
합니다. 국가를 이끌어 가는 사람이라면 좀 더 앞을 내다보는 눈이 필
요한데, 박해자들은 그러한 의식이 부족하지 않았나 생각합니다.

　　왜 천주교 박해가 일어났을까?

조선왕 변호사

사실 '천주교 탄압이 잘못되었다'는 문제로 소
송이 제기된 것 자체가 어불성설입니다. 천주교 신
자들은 분명히 나라의 법을 어긴 사람들입니다. 그리고
당시 국가를 통치하던 사람들은 그러한 범법 행위를 처벌한 것이
고요. 법대로 처벌한 것을 잘못되었다고 한다면 법이 왜 필요합니까?
그리고 역사적인 사실은 당시의 입장에서 평가해야지, 오늘날의 입장
에서 평가해서는 객관적일 수 없습니다. 오늘 진행된 천주교 문제가
좋은 예인데, 천주교 신앙은 조선 시대에는 불법이지만 오늘날에는 합
법이기 때문입니다.

천주교 유물로는
어떤 것이 있을까요?

성작

가톨릭 교회의 의식을 뜻하는 것이 '전례'이고, 그 전례의 중심이 되는 것이 '미사'입니다. 이 미사를 위해 여러 물건이 사용되었는데 '성작'도 이에 해당합니다. 성작은 미사 때 포도주를 담는 잔으로, 성작에 담은 포도주는 사제 즉 신부님의 기도에 의해 예수 그리스도의 피로 변한다고 해석되어 왔습니다. 성작은 처음에는 유리로 만들다가 3세기경부터는 금은으로 만들어졌으며, 귀하게 여겨졌습니다.

향로

향을 피우는 그릇인 향로 역시 천주교 유물 중 하나입니다. 예로부터 악취를 없애고 깨끗하지 못한 것을 막고자 향을 피울 때 사용해 온 향로는 가톨릭 교회에서도 널리 사용되어 왔습니다.

성합

성합은 성체 즉 예수 그리스도의 몸을 모셔 두
는 그릇을 말합니다. 순수한 밀을 재료로 해서
만든 제병 즉, 밀떡을 담아 두는 곳이지요. 미사
때 사용하는 제구의 하나로, 고대 그리스와 로
마 시대에 사용한 커다란 잔에서 유래합니다.
성합의 기본 형태는 성작과 유사하지만, 그릇의
형태가 더 둥글고 십자가가 달린 뚜껑이 있는
것이 특징입니다. '거룩한 그릇'인 것은 성작과
마찬가지이며, 가톨릭 교회의 미사의 특징을 보
여 주는 대표적인 유물이라 할 수 있습니다.

감실

불교, 유교, 가톨릭 등 여러 종교에서 사용되는
말인 '감실'은 조상의 위패나 작은 불상, 또는 성
체를 모셔 둔 곳을 말합니다. 석굴이나 고분의
벽 가운데를 깊이 파서 불상을 두거나 묘의 주
인공의 초상을 그려 놓은 곳도 감실입니다. 유
교에서는 사당의 위패를 모셔 두는 곳을 감실이
라고 하지요.
가톨릭교에서도 감실이 있습니다. 성당 안에서
성체를 담은 성합을 넣어 둔 곳을 가리키지요.

로마식 제의

성직자가 미사 등 여러 의식 때 교회의 규정에
따라 입는 옷을 '제의'라 합니다. 성직자들은 보
통 발목까지 오는 긴 옷인 '수단'을 평상복으로
입으며, 때에 따라 달리하기도 합니다.
사진의 '로마식 제의'는 생긴 모양이 바이올린
을 닮았다 하여 '바이올린 꼴' 제의라고도 불리
는 것이 특징입니다.

그리스식 제의

성직자들이 전례를 진행할 때 겉에 걸쳐 입는
'제의'는 로마 가톨릭 교회에서 처음으로 이용
하기 시작했으며, 뒤이어 성공회와 루터교, 감
리교 일부에서도 도입하였다고 합니다.
가톨릭 교회에서 제의는 크게 두 가지로 나뉘는
데 그중 하나가 로마(라틴)식 제의이고 다른 하
나가 그리스식 제의입니다. 현재 우리나라의 성
당 미사에서 볼 수 있는 제의는 그리스식 제의
로 로마식 제의에 비해 긴 것이 특징입니다.

부제복

주교와 신부를 통틀어 '사제'라 일컫고, 부제품을
받은 성직자를 '부제'라 칭합니다. 부제는 사제를
도와 강론, 성체 분배 따위를 집행하지요. 이때 부
제가 입는 제의가 바로 '부제복'입니다.
사진 속의 부제복은 매우 화려한데, 이렇게 색이
화려한 부제복 외에 다른 부제복들도 있습니다.

성광

성광은 미사와 기타 전례에 사용되는 제구의 일
종으로 매우 정교하게 만들어집니다. 중세 시대
에 성광의 사용이 널리 퍼지면서 그 형태도 다양
해졌습니다. 고딕 성당 형태, 십자가 형태, 탑 형
태 등 여러 형태로 제작되었지요. 그중에서도 머
리 꼭대기에 십자가가 있는 태양 형태로 밑에 손
잡이가 달린 것이 일반적입니다.

출처: 가톨릭대학교 전례박물관(http://museum.catholic.ac.kr/)

100년간 계속된 천주교 박해

1. 신해박해
2. 신유박해
3. 기해박해와 병오박해
4. 병인박해와 남연군 묘 도굴 사건

1

신해박해

판사　두 번째 재판을 시작하겠습니다. 지난 번 재판에서는 천주교가 조선에 수용된 과정과 천주교회의 설립, 그리고 조선 정부가 박해를 가한 이유와 그에 대한 천주교 측의 반론을 들었습니다. 그럼 오늘 재판에서는 구체적인 박해 사건에 대해 살펴보겠습니다. 제가 듣기에 조선 천주교회는 100년 동안 박해를 받았다고 하는데, 그 과정을 구체적으로 살펴보는 것도 양자의 시비를 가리는 데 도움이 될 듯싶습니다.

나신앙 변호사　좋은 생각이십니다. 판사님께서도 말씀하셨듯이, 조선의 천주교회는 1784년에 설립된 이래 100년 동안 수많은 박해를 받았습니다. 그 중 유명한 것이 '신해박해(진산 사건), 신유박해, 기해박해, 병오박해, 병인박해'인데, 이를 통해 얼마나 많은 사람들이 무고하게 희생되었는지를 알 수 있습니다.

판사 좋습니다. 시작하시지요.

나신앙 변호사 먼저 1791년 전라도 진산에서 발생한 진산 사건에 대해 말씀 드리겠습니다. 이 사건은 1791년 신해년에 발생했기 때문에 신해박해라고도 하며 전라도 진산 지역에서 일어났기 때문에 '진산 사건'이라고도 부릅니다. 조선에서 발생한 최초의 공식 박해로 윤지충이라는 신자가 제사를 지내지 않고 신주를 불태워 땅에 묻은 것이 발각되어 처형된 사건입니다. 이 역시 당사자인 윤지충을 증인으로 불러 진술을 듣고자 합니다.

판사 네, 받아들입니다. 증인 윤지충은 나와서 선서해 주십시오.

윤지충 선서. 나 윤지충은 진실만을 말할 것을 맹세합니다.

나신앙 변호사 제가 듣기에 증인은 한국 천주교 역사상 최초로 **참수형**을 받은 신자라고 하던데, 맞습니까? 맞다면 왜 그런 끔찍한 형벌을 받았습니까?

윤지충 제가 참수형을 받은 것은 사실이지만, 지금도 억울한 심정입니다. 제가 왜 참수형을 받아야 했는지 아직도 이해되지 않습니다.

조선왕 변호사 소문에 따르면 증인은 어머니가 돌아가시자 조문도 받지 않고 장례도 치르지 않았다고 합니다. 그리고 조상에게 제사를 지내지 않았으며, 신주도 불태워 땅에 묻었다고 하지요. 만약 이 소문이 사실이라면 증인은 불효자 중의 불효자인데, 이제 와서 억울하다고 하니 기가 막힙니다.

윤지충 조 변호사님의 말씀 중에는 사실도 있고 사실이 아닌 것

참수형
사형의 한 종류로, 목을 베어 죽이는 형벌입니다.

도 있습니다. 결론부터 이야기하자면, 조상 제사를 지내지 않고 신주를 불태워 땅에 묻은 것은 사실이지만, 나머지 제 어머니와 관련된 내용은 사실이 아닙니다.

제 어머니는 1791년 5월에 돌아가셨습니다. 그리고 장례를 치를 즈음에 전염병이 돌아 시기가 조금 지난 8월 그믐날에야 장례를 치렀습니다. 그래서 다른 지방에 사는 사람들에게 연락을 하지 못해 친척과 친구들이 장례식에 참석하지 못했던 것입니다. 그러나 동네 사람들은 모두 참석했고요, 이는 당시 전라 감사의 조사 결과로도 밝혀졌습니다. 당연히 문상도 받았고요.

판사   그렇다면 왜 조상 제사를 폐지하고 신주를 불태워 묻었나요? 신주는 부모와 같은 존재인데……

윤지충   그렇지 않습니다. 판사님 말씀대로 신주가 부모라면 어찌 불태워 묻을 수가 있겠습니까? 조상들의 영혼이 그런 물건에 들어 있다는 생각은 옳지 않습니다. 신주는 부모가 아니라 한낱 나뭇조각에 불과합니다.

또, 죽은 사람에게 술과 음식을 드리는 것은 헛된 일이요 거짓된 행동입니다. 우리는 부모님이 주무실 때 음식을 드리지 않습니다. 잠자는 시간에는 음식을 먹을 수 없기 때문이지요. 마찬가지로, 사망한 사람은 죽음이라는 긴 잠에 빠진 겁니다. 그러니 어떻게 제사 음식을 먹을 수 있겠습니까.

따라서 자식 된 입장에서, 돌아가신 부모님을 헛되고 거짓된 행동으로 공경할 수 없었고, 이에 어머니 장례 때 신주를 세우지 않았으며 제사 음식도 차리지 않았던 것입니다.

아울러 국법을 보더라도, 서민들이 신주를 세우지 않는 것을 나라에서 엄하게 금지하는 일이 없고, 또 가난한 선비가 제사 음식을 차리지 못하는 것도 엄하게 막는 예법이 없습니다. 따라서 제가 신주를 세우지 않고 제사 음식을 차리지 않은 것은 단지 천주의 가르침을 따른 것일 뿐, 나라의 법을 어긴 것은 아니라 생각합니다.

조선왕 변호사   증인의 진술은 사대부로서 할 이야기는 아닌듯합니다. 우리가 신주를 모시고 제사를 지내는 것은, 비록 돌아가셨지만 부모님의 은혜를 잊지 않으려는 효(孝)의 실천입니다. 증인도 아시듯이, 부모님을 비롯한 조상은 우리를 낳아 길러주시고 가르쳐 주신 분들입니다. 이 분들이 없었다면 우리가 존재할 수 있었겠습니까? 그러므로 자식들은 부모님의 은혜에 보답하기 위해, 살아계실 때는 정성을 다해 모시고, 돌아가셨을 때에는 살아계시듯이 섬기는 것입니다. 그리고 제사는 바로 그러한 마음의 표현이지요.

나신앙 변호사 증인의 말은 '효의 실천을 꼭 제사라는 형식을 통해서만 해야 하는가'라는 것이지요. 어쨌든 증인에 대한 소문이 세상에 퍼지면서 증인과, 역시 제사를 폐지하고 신주를 없앴던 증인의 외종형 권상연에 대한 체포령이 떨어졌지요?

윤지충 그렇습니다. 체포령이 내려졌을 때 저와 권상연은 광천과 한산으로 피신해 있었습니다. 그러자 진산 군수는 저희들을 잡기 위해 저의 삼촌을 볼모로 진산 관아에 가두었습니다. 저희들은 그 소식을 듣고 곧바로 진산 관아로 가서 자수했지요. 그날이 1791년 10월 26일이었고, 3일 뒤인 10월 29일에 전주 감영으로 이송되어 심문을 받았습니다. 그리고 11월 13일에 전주에서 처형되었습니다.

판사 그런데, 당시 이 사건은 어떻게 해서 알려진 것입니까?

조선왕 변호사 이 사건을 공론화시킨 사람은 **주서** 홍낙안인데, 그가 왜 이 일을 세상에 알리려 했는지, 증인으로 홍낙안을 불러 알아보도록 하겠습니다.

판사 네, 받아들입니다. 홍낙안은 나와서 증인 선서를 하시고 증언해 주시기 바랍니다.

홍낙안   선서. 나, 홍낙안은 진실만을 말할 것을 맹세합니다.

판사   네, 증인은 증언해 주세요.

홍낙안   판사님도 아시듯이, 우리나라는 예의(禮義)로 세워진 나라입니다. 따라서 부모가 살아 계실 때 잘 섬기고, 죽으면 정성껏 장사지내는 것은 반드시 지켜야 할 예의입니다. 그리고 이러한 예의는 국가를 유지하는 중요한 원칙이지요. 그런데 윤지충은 우리가 오랫동안 지켜온 예의를 버리고 짐승과 오랑캐나 하는 짓을 했습니다. 어떻게 조상의 신주를 불태울 생각을 했을까요? 이 소문을 들었을 때, 저는 가슴이 아파서 어쩔 줄을 몰랐고, 반드시 이 무리들을 역적의 형벌로 다스려야 한다고 생각했습니다.

조선왕 변호사   옳은 말씀이십니다.

홍낙안   저는 이 사건의 전말을 알게 된 후 진산 군수 신사원에게 글을 보내 이들을 신속하고 엄정하게 처벌할 것을 요구하였고, 이어 좌의정 채제공에게도 편지를 보내 임금에게 아뢰어 천주교를 이단으로 규정하고 윤지충과 권상연을 역적을 다스리는 형벌로 벌할 것을 요구하였습니다.

저의 편지에 대해 채제공 대감은 아무런 회답을 하지 않았습니다. 이에 저는 진산 사건에 관한 내용을 사대부들에게 알렸고, 진사 성영우, 목인규, 최조 등도 글을 돌려 여러 사람에게 알렸습니다. 이어 조정에서도 두 사람을 처벌해야 한다는 상소들이 올라오게 되었죠. 이처럼 사건의 파장이 커지게 되자, 정조께서는 전라감사 정민시에게 윤지충을 체포하여 심문할 것을 명령했던 것입니다.

나신앙 변호사　하지만 판사님께서도 증인 윤지충이 진산 사건의 전말에 대해 진술한 내용을 들어 아시다시피 당시 윤지충과 관련된 소문은 잘못 전해진 것이 많았습니다. 물론 제사를 폐지하고 신주를 없앤 것은 사실인데, 그것도 나름의 이유가 있음을 진술했습니다. 그리고 서민들이나 가난한 선비들의 경우를 고려한다면, 증인 윤지충도 국법을 범했다고 보기는 어려울 것입니다. 그렇기 때문에 윤지충이 자신의 억울함을 호소하는 것도 일리가 있다고 생각합니다.

조선왕 변호사　아닙니다. 아무리 그럴싸한 논리를 펼친다 해도, 이들은 부모의 은혜도 모르는 패륜아일 뿐입니다. 결코 용서할 수 없습니다.

나신앙 변호사　결국 홍낙안과 조 변호사 같은 사람들 때문에, 진산 사건을 계기로 신해박해가 일어났고, 그 결과 윤지충과 권상연이 참수되었을 뿐만 아니라, 서울을 비롯한 각 지에서 신자들이 체포되어 순교하였습니다.

판사　그러니까 조선 왕조가 공식적으로 가한 최초의 박해가 신해박해이군요. 그렇다면 이것 외에 신해박해의 또 다른 특징이 있습니까?

나신앙 변호사　말씀드리지요. 신해박해는 조선 교회에 많은 변화를 불러왔습니다. 즉, 교회 내적으로는 중인 이하의 신자들이 교회에서 차지하는 역할이 커지게 되었고, 교회 외적으로는 천주교를 배척하는 사람들에게 신자들을 박해할 명분을 주게 되었습니다. 다시 말해, 당시 양반 신자들 중에는 천주교와 유교가 서로 보완될 수 있다고 생각하는 사람들이 많았는데, 진산 사건 이후 천주교와 유교가 다르다는 것을 깨닫고 교회를 떠나는 신자들이 생겨나게 되었습니다. 정약용도 이때 교회를 떠났다고 합니다. 이에 양반 신자들을 대신하여 중인 이하의 신자들이 그들의 역할을 대신하게 된 것입니다. 아울러 조상 제사를 폐지하고 신주를 불태운 신자들의 행동은 천주교를 '아버지도 모르고, 임금도 모르는' 반인륜적인 종교로 인식하게 만들어, 반대자들이 신자들을 박해할 수 있는 명분을 제공했습니다. 박해자 입장에서는 확실한 증거를 잡은 셈이 되었지요.

조선왕 변호사　맞습니다. 진산 사건으로 천주교 신자들은 인륜을 무시하는 사람들임이 분명히 밝혀졌습니다.

판사　잘 알겠습니다. 그럼 신해박해에 대해서는 이 정도로 하고 다음 주제로 넘어갈까요?

나신앙 변호사　네, 판사님! 판사님도 학교에 다니실 때 '조선의 3대 천주교 박해'와 '최초의 조선인 신부 김대건'에 대해 들어보셨지요? 지금부터는 그 내용들에 대해 말씀드리도록 하겠습니다.

판사　기억이 나긴 합니다만, 정확하게는 알지 못합니다. 어떤 내용이지요?

나신앙 변호사　예. 바로 1801년에 있었던 신유박해, 1839년에 있었던 기해박해, 1866년에 시작된 병인박해가 3대 박해라고 할 수 있습니다. 그리고 1846년에 있었던 병오박해 때 우리나라 최초의 신부인 김대건 신부가 순교하셨습니다.

2 신유박해

판사　그럼 신유박해에 대해 알아보겠습니다.

나신앙 변호사　네, 그렇게 하지요. 그럼 원고의 할아버지 홍낙민을 증인으로 신청합니다.

판사　알겠습니다. 홍낙민은 나와서 증인 선서를 해 주십시오.

홍낙민　선서. 나, 홍낙민은 진실만을 말할 것을 맹세합니다.

나신앙 변호사　증인, 증인은 초기 천주교회의 핵심 인물이므로, 신유박해가 왜 일어났는지 잘 아시겠지요? 박해가 발생하게 된 배경부터 이야기해 주십시오.

홍낙민　이와 관련하여 먼저 말씀드릴 것은, 1794년 12월에 중국인 주문모 신부님이 조선에 입국했다는 사실입니다. 비록 입국 사실이 알려져 체포될 위험도 있었지만, 주문모 신부님이 입국하여 활동하면서 조선 교회는 비약적으로 발전했습니다. 그 결과 신부님이 입국할 당시 4,000명이었던 신자 수는 6년 만인 1800년에는 10,000명으로까지 증가하였습니다. 아마도 이러한 교세의 급증이 박해자들을 불안하게 만든 요인 중의 하나가 아니었나 생각됩니다.

나신앙 변호사　천주교의 교세가 그처럼 발전할 수 있었던 것은 당시의 정치적 상황과도 관련이 있다고 들었습니다만……．

홍낙민　물론 그렇습니다. 이 시기 정권은 **남인(南人)**인 채제공에 의해 주도되었고, 채제공을 따르는 사람 중에는 이가환, 정약용, 이승훈 등 천주교와 가까운 인물[신서파(信西派)]이 많았습니다. 물론 남인 중에도 홍낙안, 이기경, 목만중 등과 같이 천주교를 공격하는 사람들[공서파(攻西派)]이 있는데, 이들은 정치적으로 채제공과 대립 관계를 형성했습니다.

　또 서인의 일파인 **노론(老論)** 중에는 정조의 정치적 견해를 따르는 시파와 그렇지 않은 벽파가 있었는데, 노론 벽파는 채제공과 정치적으로 대립하는 정치 세력이었습니다. 따라서 당시 조정에는 '신서파와 시파' 대 '공서파와 벽파'의 갈등 구조가 형성되어 있었고, 이러한 정치 관계 속에서 천주교는 '공서파와 벽파'가 '신서파와 시파'를 공격하는 중요한 명분으로 작용하였습니다.

나신앙 변호사　그런데 당시만해도 조정의 탄압이 없었던 이유는 무엇이지요?

남인
조선 시대 사색 당파의 하나입니다. 선조 때 동인에서 갈라진 당파로, 북인(北人)의 상대적인 개념으로 사용됩니다. 유성룡, 우성전을 중심으로 합니다.

노론
조선 시대 사색 당파의 하나입니다. 남인에 대한 처벌 문제가 불거지자 뜻을 달리하는 사람들이 서인(西人)에서 갈려 나온 당파입니다. 1683년에 송시열, 김익훈 등의 강경파를 중심으로 이루어졌습니다.

홍낙민　　그것은 임금인 정조가 천주교에 대해 직접적인 탄압보다는 온건한 교화 정책을 펼쳤기 때문입니다. 정조 임금도 천주교를 이단 사설로 규정했습니다. 하지만 천주교를 탄압하기보다는 교화를 통해 사람들이 천주교를 믿는 것을 막을 수 있다고 생각하였습니다. 다시 말해 성리학의 가르침을 잘 교육하면 천주교와 같은 그릇된 말들은 스스로 없어질 거라고 믿었던 것입니다. 즉, 천주교인들이 가지고 있는 성물과 책들을 없애고 교육을 강화하면 크게 문제될 것이 없다는 입장이었지요. 그래서 정조 임금 대에는 조정의 대규모의 박해는 일어나지 않았습니다.

그러나 1799년 채제공이 사망하고 1800년 8월 정조 임금마저 승하하자 상황이 달라졌습니다. 열한 살의 어린 순조 임금이 즉위하고 순조 임금을 대신해서 대왕대비인 정순 왕후가 정사를 보게 되면서 노론 벽파가 정권을 잡게 되었습니다. 그들은 정조 임금의 장례식이 끝나자마자 반대파 제거에 나섰고, 그 과정에서 '천주교'를 하나의 명분으로 내세웠던 것입니다. 그 결과 신유박해라는 최초의 대규모 박해가 일어났습니다.

정순 왕후　　잠깐! 증인의 진술 중에 제 이름이 나왔으므로 한 말씀 드리겠습니다. 증인도 이야기 했듯이, 당시 정치 상황은 벽파 대 시파의 구도였고, 정조 임금은 시파들을 중용하여 정치를 이끌어 갔습니다. 그리고 시파 중에는 천주교와 관련된 사람들이 많았습니다. 그러나 정조 임금은 천주교에 대해 적극적으로 탄압하지 않았고, 교육을 통해 충분히 교화시킬 수 있다고 생각했습니다.

하지만 제 생각은 달랐습니다. 천주교는 유교의 가르침을 부정하는 이단사설입니다. 그리고 천주교 신자들은 국가의 통치를 부정하는 사람들이므로, 교화가 아니라 법으로 다스려야 할 자들입니다. 그래서 저는 집권하자마자 '천주교 금지령'을 내렸던 것입니다.

나신앙 변호사 왕후가 정치적으로 노론 벽파였기 때문에, 천주교를 빌미로 반대파를 숙청한 측면도 있지 않나요?

정순 왕후 글쎄요. 어쨌든 당시 관료로서 처벌된 사람들은 천주교와 관련된 사람들이라는 것과 당시 천주교는 조선 왕조를 부정하는 집단이었음을 알아주시기 바랍니다.

홍낙민 아닙니다. 첫째 날 재판 기록을 보시면, 천주교 신자들이 결코 조선 왕조를 부정하지 않았다는 것을 알 수 있습니다. 그럼에도 불구하고 정순 왕후는 1801년 2월 22일에 공식적인 박해령을 내렸습니다. 정순 왕후는 박해령을 통해 천주교 신자들을 역적으로 다스리라고 했으며, 오가작통법(五家作統法)을 엄하게 시행하여 천주교 신자들을 철저하게 찾아내도록 명령하였습니다. 그 결과 저를 비롯한 이가환, 정약용, 이승훈 등 천주교와 관련되었던 관료와 수많은 신자들이 체포되어 처형되거나 유배되었습니다. 그리고 한성뿐만 아니라 지방에서도 많은 신자들이 체포되어 처형되었습니다.

천주교에 대한 박해는 4월 24일 주문모 신부의 자수로 더욱 격화되었습니다. 당시 중국으로 피신하기 위해 길을 나섰던 신부님은 자신이 자수하면 신자들에 대한 박해가 중지되지 않을까 하는 생각에

오가작통법
다섯 집을 한 통으로 묶은 행정 자치 조직으로 범죄 혹은 범죄자를 숨겨 주는 것에 대해 상호 감시하는 기능이 있었습니다.

황해도 황주까지 갔다가 한성으로 돌아와 의금부에 자수하였습니다. 그리고 여러 차례 심문을 받은 뒤 5월 31일에 새남터에서 순교하였습니다.

나신앙 변호사　주문모 신부의 처형 후 박해는 좀 줄어들었나요?

홍낙민　아닙니다. 주문모 신부의 기대와는 달리, 신부님의 자수는 박해를 더욱 확대시키는 결과를 가져왔습니다. 그리하여 왕족이었던 송 마리아와 신 마리아는 세례 받은 사실과 주문모 신부를 자신의 집으로 피신시킨 사실이 드러나 사약을 받고 죽었고, 강완숙 등 많은 사람이 한성에서 참수되었습니다. 그리고 전라도 전주의 유항검 등도 체포되어 한성으로 압송되었다가 전주에서 처형되었고, 고창, 영광, 무장, 김제 등 전라도의 여러 고을에서도 200명 이상의 신자들이 체포되었습니다.

나신앙 변호사　진술 중에 송 마리아와 신 마리아가 왕족이라고 했는데, 당시에 왕족 중에도 천주교 신자가 있었나요?

홍낙민　송 마리아의 남편은 정조 임금의 이복 동생인 은언군 이인이고, 신 마리아는 송 마리아의 며느리였습니다. 당시 신 마리아의 남편인 상계군 이담은 반역에 연루되어 자살하였고, 아버지 이인은 아들 때문에 강화도로 유배 간 상태였습니다. 이처럼 상계군이 죽고 은언군이 유배된 상태에서, 두 여인은 자신들의 슬픔과 아픔을 잊고자 천주교를 받아들였던 것입니다.

조선왕 변호사　증인의 말처럼 역적의 가족이 천주교에 입교했다는 사실은 천주교를 단순히 종교 집단으로만 인정하기 어렵게 합니

　왜 천주교 박해가 일어났을까?

다. 그리고 당시 천주교에 입교한 사람들은 대체로 조선에 불만이 많은 사람들이었습니다.

나신앙 변호사 　신자들이 대부분 평민이었던 만큼 이들이 사회에 불만을 가졌을 수는 있습니다. 그러나 당시 신자들은 송 마리아와 신 마리아처럼 사회로부터 상처 받은 사람들입니다. 천주교는 바로 이러한 사람들을 위로하고 도와주는 역할을 했던 것이지, 역적의 무리와 연계해서 반역을 꾀하지는 않았습니다.

조선왕 변호사 　그렇다면 황사영이 서양의 배와 군대를 요청했던 〈백서(帛書)〉의 내용은 무엇입니까? 서양 세력과 연계해서 나라를 무너뜨리려는 계획이 아닙니까?

홍낙민 　〈백서〉 사건에 대해서는 제가 말씀드리지요. 황사영은 원래 한성 아현에 살다가 박해가 일어나자 제천 배론에 있는 김귀동의 집으로 피신하였고, 그곳 토굴에서 〈백서〉를 작성했습니다.

　그러나 황사영이 체포되면서 그가 지니고 있던 〈백서〉도 발각되었습니다. 〈백서〉에는 서한을 보내는 이유와 신유박해의 전말, 그리고 주문모 신부를 포함한 순교자들의 행적과 조선 교회의 재건 방안 등이 수록되어 있었는데, 그중에 수백 척의 서양 배에 강한 군사 5~6만 명과 대포 등을 싣고 와서 조선 정부와 선교 문제를 교섭하라는 내용도 있었습니다.

　지금 피고 측에서 이야기했듯이 이러한 방안은 당국자들에게 외국과 결탁하여 국가를 해치려는 반민족적·반국가적 행위로 받아들여졌습니다. 그 결과 황사영을 비롯한 많은 사람들이 참수되었고,

이미 귀양 갔던 정약용과 정약전도 황사영의 공범으로 몰려 소환되었다가 다시 강진과 흑산도로 유배되었습니다.

조선왕 변호사   그것 보십시오. 제 말이 맞지 않습니까? 이들은 외세를 끌어들여 나라를 팔아먹으려는 자들입니다. 따라서 피고처럼 국가의 운영을 책임지고 있는 입장에서 어떻게 반역의 무리를 처단하지 않을 수 있겠습니까. 박해의 정당성이 다시 한 번 입증되는 순간입니다.

홍낙민   꼭 반역이라고 평가할 수만은 없지요. 황사영이 그러한 방책을 낸 것은 극한 상황에서 나온 자구책입니다. 지금 자신의 동료들이 모두 체포되어 처형되고 있습니다. 앞으로 자신은 물론 얼마나 많은 사람들이 체포되어 처형될지 모릅니다. 변호사님이라면 이러한 상황에서 어떻게 하시겠습니까? 자신들을 구해 줄 어떤 힘을 원하지 않겠습니까? 이 문제는 황사영과 당시 천주교 신자들이 처해 있던 입장에서도 생각해 볼 문제라고 하겠습니다. 아울러 황사영이 제시한 방안도 직접적인 무력 행사보다는 무력 시위에 그치고 있음을 알아야 합니다.

판사　네, 알겠습니다. 참고로 하지요. 그럼 나 변호사, 신유박해와 관련해서 더 할 말이 있나요?

나신앙 변호사　네, 잠시 이 박해의 결과만 설명하고 다음 문제로 넘어가도록 하겠습니다. 먼저 희생자를 살펴보면, 이 박해로 서울에서만 300명 이상이 순교했다고 합니다. 그리고 희생자 중에는 주문모 신부를 비롯하여 대부분의 교회 지도자들이 포함되어 있습니다. 아울러 남아 있는 신자들도 박해를 피해 산간벽지로 뿔뿔이 흩어졌기 때문에 교회 조직은 완전히 붕괴되었습니다.

그러나 신유박해는 다른 한편으로는 천주교 신앙이 보다 넓은 지역으로 전파되는 계기가 되었습니다. 즉 박해를 피해 다른 곳으로 흩어진 신자들은 피난처에서 새로운 신앙 공동체를 형성하며 신앙생활을 하였고, 귀양 간 신자들은 유배지에서 천주교를 전파했습니다. 그 결과 그때까지 천주교가 전파되지 않았던 지역에도 새로운 신앙 공동체가 생겨나게 되었습니다. 없어지라고 박해를 가했는데,

결과적으로 확산되는 모순(矛盾)이 발생한 것이지요.

판사   신유박해에 관한 설명을 잘 들었습니다. 그럼 다음은 어떤
내용입니까?

왜 천주교 박해가 일어났을까?

기해박해와 병오박해 3

나신앙 변호사   예. 조선의 3대 박해 중 1839년에 발생한 기해박해와 김대건 신부님이 순교하신 병오박해에 대해 알아보겠습니다. 그리고 기해박해는 정하상이 당사자이므로, 정하상을 다시 증인으로 불러 증언을 듣도록 하겠습니다.

판사   그렇게 하시지요.

나신앙 변호사   증인, 기해박해는 자신이 처형된 박해이므로 잘 아시리라 생각합니다.

정하상   그렇습니다. 그런데 본격적인 박해 이야기를 하기 전에 배경을 먼저 설명하는 것이 기해박해를 이해하는 데 도움이 될 것 같습니다.

    신유박해 이후 천주교에 대한 박해가 어느 정도 진정되자, 신자

파리 외방 전교회
아시아 지역의 선교를 목적으로
프랑스에 설립된 선교회입니다.

들 중에는 다시 신자의 본분을 지키려는 사람들이 생겨났습니다. 그리하여 신자들이 모여 사는 교우촌이 생겨났고, 이들은 다시 베이징에 여러 차례 사람을 보내 성직자를 파견해 달라고 요청했습니다. 그 결과 1831년에 로마 교황청에서는 조선을 베이징 교구에서 분리하여 '조선 대목구'라는 독립된 선교지로 설정하였고, **파리 외방 전교회** 소속의 프랑스 인 브뤼기에르 주교를 초대 책임자로 임명하였습니다. 그러나 브뤼기에르 주교는 임지인 조선으로 오던 중 1835년 10월에 만주의 마자즈(馬架子)에서 사망하고 맙니다.

브뤼기에르 주교가 사망한 후 같은 전교회 소속의 모방 신부가 주교를 대신하여 1836년 1월에 저와 유진길, 조신철, 이광렬 등의 안내를 받아 조선에 입국했습니다. 그러니까 모방 신부는 조선에 입국한 최초의 서양인 신부인 셈입니다. 모방 신부에 이어 1837년 1월초에는 샤스탕 신부가, 12월에는 앵베르 주교가 각각 조선에 입국하면서, 기해박해 당시 조선에는 세 명의 서양 선교사가 활동하고 있었습니다.

그러나 당시 정권을 잡고 있던 안동 김씨와 풍양 조씨의 정치적 대립은 1839년 기해박해로 이어졌고, 이로써 조선 교회는 다시 한번 커다란 시련을 겪게 되었습니다.

나신앙 변호사　기해박해도 신유박해처럼 정치적인 배경이 있군요.

정하상　그렇습니다. 안동 김씨는 1802년 김조순의 딸이 순조의 비(순원 왕후)가 되면서 정권을 잡게 되었습니다. 그리고 풍양 조씨는

척사 정책

사악한 것을 물리치는 정책이라는 뜻으로, 유교 즉 성리학 이외의 모든 종교와 사상을 사악한 학문으로 보아 배격하는 것을 말합니다.

1819년에 조만영의 딸이 순조의 아들인 효명 세자(익종)의 비가 되고 1827년에 효명 세자가 순조를 대신해 정사를 돌보게 되면서 새로운 세력으로 등장했습니다.

그러나 1834년 11월 순조가 승하하고 여덟 살인 헌종이 즉위하자 안동 김씨인 대왕대비(순원 왕후)가 왕실의 최고 어른으로 수렴청정을 하게 되지요. 이때 동생인 김유근이 순원 왕후를 보필하였고, 1837년 2월에는 김조근의 딸이 헌종 비로 간택되면서 안동 김씨의 세도는 계속 이어집니다.

그런데 안동 김씨 정권은 천주교에 대해 비교적 관용적인 태도를 보였습니다. 그들은 정권을 잡고 있던 시기에 천주교 문제에 대해 크게 개의하지 않았고, 김유근의 경우 천주교 신자인 유진길과도 절친해서 그로부터 세례를 받았다는 천주교회 측 기록도 있습니다.

이러한 상황에서 1837년 10월 조만영·조인영 계열의 이지연이 우의정에 임명되고, 1837년 말부터 김유근이 중풍으로 정사를 돌보지 못하게 되면서 정권의 주도권이 바뀌게 되었습니다. 이때 주도권을 잡은 풍양 조씨 세력은 그동안 천주교에 대해 온건한 정책을 펼쳤던 안동 김씨 세력을 궁지에 몰아넣기 위해 척사 정책(斥邪政策)을 내세웠고, 그 결과 기해박해가 일어났던 것입니다.

조선왕 변호사   잠깐, 증인의 진술 중에 서양인 세 명이 조선에 들어와서 활동했다고 하는데, 서양인들이 어떻게 조선에 머물 수 있었나요?

이와 관련하여 피고 측 증인으로 여러분도 잘 아시는 화서 이항로

선생을 불러 정확한 진술을 들어 보겠습니다. 이항로는 정통 유학자로, 그의 제자들을 보통 '화서 학파'라고 부릅니다. 이항로는 1836년에 〈논양교지화(서양 종교의 화를 논함)〉를 쓸 정도로 서양인들의 의도를 잘 알고 있는 인물입니다.

판사　네, 받아들입니다. 증인 이항로는 나와서 선서해 주십시오.

이항로　선서. 나 이항로는 진실만을 말할 것을 맹세합니다.

조선왕 변호사　단도직입적으로 묻겠습니다. 증인, 서양인들이 조선에 왜 왔다고 생각하십니까?

이항로　앞서 흥선 대원군께서도 말씀하셨듯이, 천주교인들은 이익만을 좋아하며, 인간으로서 마땅히 지녀야 할 윤리와 예절을 끊고 폐기한 사람들입니다. 천주교는 양이(서양 오랑캐)의 종교로서, 서양인들이 우리나라에 몰래 들어와 천주교를 전파시킨 것은 우리나라에 자신들의 편을 심어 놓고 안팎으로 호응하여 우리의 허실을 탐지한 뒤 군대를 이끌고 들어와서 우리 문화를 더럽히고 우리의 재물과 여성을 약탈하여 자기들의 욕심을 채우려는 의도입니다. 그리고 결국에는 우리나라를 빼앗으려는 계획이므로, 천주교를 믿는 사람들은 찾아내서 엄하게 처벌해야 합니다. 그것이 바로 나라를 구하는 길입니다.

조선왕 변호사　결국 종교적인 진출 → 경제적인 침탈 → 국토 침략의 순서로 진행될 것인데, 종교는 첫 번째 단계의 침략이라는 말이군요.

나신앙 변호사　증인의 이야기는 지나친 걱정입니다. 앞서 조선에

　왜 천주교 박해가 일어났을까?

입국한 모방 신부와 샤스탕 신부는 처음부터 조선으로 파견된 선교
사들이 아닙니다. 모방 신부는 원래 청나라 쓰촨 성으로 발령받아 가
던 도중에 조선 신자들을 돕고자 자원한 것이며, 샤스탕 신부도 말레
이 반도의 페낭 신학교에서 신학생들을 가르치다가 조선 신자들의
상황을 알고 자원하여 조선에 온 것입니다. 이들이 자원해서 조선에
온 이유는, 조선의 신자들이 영혼을 구원받기 위해 성직자를 간절히
원했기 때문입니다.

따라서 조선에 입국한 서양인 신부들은 조선 신자들을 위해 자신

의 임지를 포기하거나 떠나 온 사람들입니다. 그런 의미에서 이들이 조선을 무너뜨리려는 불순한 의도로 입국하여 천주교를 전파했다는 증인의 인식은 올바르다고 할 수 없습니다.

이항로　　15~16세기 중남미의 경우를 보세요. 조 변호사님이 말씀하신 대로 되지 않았나요? 만약 조선에서 천주교를 허용했다면, 조선도 중남미와 같은 과정을 밟아 벌써 서구의 식민지가 되었을 것입니다.

나신앙 변호사　　물론 중남미의 경우 종교가 식민 지배의 전초 역할을 한 것이 사실이고, 또 증인의 말은 서구 제국주의의 본질을 예리하게 파악한 측면도 있습니다. 하지만 조선에 천주교가 전래된 상황은 중남미와 다르며, 그런 점에서 그러한 주장은 조선 천주교회의 상황과는 맞지 않습니다.

조선왕 변호사　　그래도 서양인이 조선에 몰래 들어온 것은 잘못이니, 이들에 대한 처벌은 당연하다고 생각합니다.

판사　　참고하겠습니다. 지금까지 기해박해의 배경에 대한 이야기를 들었는데, 박해의 결과는 어떠했나요?

정하상　　기해박해는 1839년 1월에 시작되어 11월에 〈척사윤음〉이 반포되면서 끝이 났습니다. 그 사이 한성을 비롯하여 여러 지역에서 신자들이 체포되어 순교하였는데, 그들 중에는 조선에 입국하여 활동하던 세 명의 외국인 성직자와 저를 비롯한 교회의 지도급 신자들이 포함되어 있습니다. 『기해일기』에 따르면 당시 희생된 신자 수가 137명 정도인데, 기록에 누락된 신자들까지 합하면 실제 희생자 수는 훨씬 많았을 것으로 추정됩니다.

나신앙 변호사　　이 박해 역시 정치 투쟁의 결과, 무고한 천주교인들이 희생된 박해였습니다.

조선왕 변호사　　아니지요. 안동 김씨 정권이 소홀히 했던, 이단에 대해 제대로 처리한 정당한 조치입니다.

판사　　정하상 증인, 수고하셨습니다. 다음 진술은 어떤 박해에 대한 것입니까?

나신앙 변호사　　1846년에 있었던 병오박해입니다. 이 박해는 규모 면에서는 크지 않았지만, 최초의 조선인 신부가 순교했다는 점에서 의미가 큽니다.

판사　　나 변호사가 말하려는 신부가 김대건 신부 맞지요?

나신앙 변호사　　그렇습니다. 그런 의미에서 김대건 신부를 증인으로 채택하겠습니다.

판사　　받아들입니다. 증인 김대건은 나와서 선서해 주십시오.

김대건 신부　　선서. 나 김대건은 진실만을 말할 것을 맹세합니다.

나신앙 변호사　　신부님은 조선 역사상 최초의 서양 유학생인 것으로 알고 있는데, 유학을 다녀온 이야기부터 해 주시면 좋겠습니다.

김대건 신부　　제가 유학 간 곳은 마카오입니

한국 천주교 최초의 신부이자 순교자 김대건 신부의 동상

조차

특별한 합의에 따라 한 나라가
다른 나라 영토의 일부를 빌려
일정 기간 통치하는 일을 말합
니다.

조선 신학교

파리 외방 전교회는 극동 지역
의 선교를 담당하는 대표부를
1732년에 청나라 광둥에서 마
카오로 이전하였고, 마카오의
극동 대표부는 임시로 조선 신
학교를 개설하였습니다.

난징 조약

1842년 아편 전쟁을 종결하기
위해 난징에서 청나라와 영국이
맺은 조약입니다.

다. 마카오는 중국 땅이었는데, 1557년 포르투갈이 중국
으로부터 마카오를 조차(租借)함으로써 포르투갈의 자치
령이 되었습니다. 따라서 마카오는 중국 땅이라고 할 수
있지만 제가 유학 갈 당시는 포르투갈의 지배하에 있었고,
또 제가 받은 교육이 서양 학문이라는 점에서 최초의 서양
유학생이라는 칭호가 붙은 듯합니다. 그러나 마카오 유학
은 저 혼자 간 것이 아니라 두 명의 동료와 함께 갔다는 걸
기억해 주시기 바랍니다.

우리는 1836년 12월에 조선을 떠나 청나라 땅을 가로
질러 이듬해 6월 마카오에 도착했고, 파리 외방 전교회 신
부님들이 마카오에 개설한 '조선 신학교'에서 공부를 시작
했습니다. 동료 중 최방제는 신학교에서 병으로 사망하였고, 최양업
은 저에 이어 두 번째로 조선인 신부가 되었습니다.

나신앙 변호사   그런데 마카오에서 신학 공부를 다 마치지 못했다
지요?

김대건 신부   네. 저는 6년 가까이 마카오에서 공부했는데, 신학 공
부를 다 마치기 전인 1842년 2월에 프랑스 군함인 에리곤호를 타
고 마카오를 떠나게 되었습니다. 당시 에리곤호의 세실 함장이 청나
라에서 난징 조약의 체결 현장을 참관한 뒤 조선으로 갈 계획이었는
데, 이때 통역해 줄 조선인 신학생을 마카오의 파리 외방 전교회 신
부님에게 요청하였습니다.

나신앙 변호사   그래서 신부님이 통역으로 뽑힌 거군요. 그렇다면

프랑스 군함을 타고 조선에 입국했나요?

김대건 신부　　그렇지 않습니다. 저와 함께 남경조약의 체결 장면을 참관한 세실 함장은 조선으로 가는 것을 주저했습니다. 그리하여 저는 에리곤 호에서 내려 상해로 갔고, 이어 요동 반도의 백가점, 길림성 소팔가자 등지에서 생활하다가, 1845년 1월에 의주를 통해 입국했습니다.

서울에 도착한 저는 같은 해 4월, 11명의 신자들과 함께 선교사들을 입국시키기 위해 배를 타고 상해로 갔습니다. 그리고 1845년

8월 17일에 상해 푸동 지역에 있는 김가항(金家巷) 성당에서 페레올 주교로부터 사제 서품을 받았습니다. 그런 다음 페레올 주교와 다블뤼 신부를 모시고 1845년 10월에 충청도 강경 부근에 도착했고, 이후 페레올 주교와 함께 서울로 올라와 활동을 시작했습니다.

나신앙 변호사　기해박해로 앵베르 주교, 모방 신부, 샤스탕 신부가 순교한 후 6년 만에 입국한 선교사들이군요.

김대건 신부　네, 그런데 1846년 봄이 되자 페레올 주교님은 저에게 중국에 있는 선교사들과 연락할 방법을 찾아보도록 지시했습니다. 그리하여 저는 1846년 5월에 신자들과 함께 서해로 갔고, 옹진과 장연에서 중국 어선을 만나 편지와 지도를 전달하였습니다. 그리고 6월 1일에 순위도 등산진으로 돌아와 구입한 생선이 마를 때까지 며칠간 머물렀습니다.

그 즈음 등산진 관리가 중국 배들을 내쫓기 위해 제가 타고 온 배를 징발하고자 하였습니다. 그러나 저는 양반임을 내세워 그의 요구를 거절했고, 이에 시비가 붙은 가운데 결국 제가 천주교인이라는 것이 발각되어 체포되고 말았습니다. 저는 해주 감영으로 끌려갔다가 서울 포도청으로 압송되어 여러 차례 문초를 받았습니다.

조선왕 변호사　허가 없이 국경을 넘나든 사람이, 이번에는 중국에 우리나라의 지도까지 빼돌리려 했군요. 왜 그랬을까요? 이 문제는 당시 영의정으로 있던 권돈인에게 물어보는 것이 좋을 것 같습니다.

판사　네. 알겠습니다. 권돈인 증인은 나와서 선서해 주십시오.

권돈인　선서. 나, 권돈인은 진실만을 말할 것을 맹세합니다.

조선왕 변호사　　증인. 증인은 가장 높은 관직에 있었으니 김대건 사건에 대해 보고를 받았지요?

권돈인　　네, 그렇습니다. 당시 김대건을 체포하여 서울로 압송한 황해감사 김정집의 보고에 따르면, 김대건은 천주교 신자였을 뿐만 아니라, 중국 어선에 조선의 지도와 편지를 전해주었다고 합니다. 다행히 중국 어선을 쫓아가 지도와 편지를 회수했습니다만, 우리나라의 지도를 나라 밖으로 빼돌린 것은 매우 중대한 범죄입니다. 이것은 우리나라의 정보를 서양 오랑캐에게 주어 나라에 해를 끼치려는 의도가 분명했습니다.

김대건 신부　　결코 그렇지 않습니다. 지도는 조선으로 파견될 선교사들이 안전하게 입국할 수 있도록 전한 것이지, 우리나라에 해를 끼치려고 한 것은 절대 아닙니다.

나신앙 변호사　　그런데 제가 듣기에, 당시 관리들 중에는 신부님께 호의적인 사람도 있었고, 또 프랑스의 세실 함장이 함대를 이끌고 와서 상황이 신부님께 유리했다고 하던데, 어째서 사형 판결이 난 것입니까?

김대건 신부　　변호사님 말씀대로 저희가 체포되어 심문받던 1846년 8월에 세실 함장이 이끄는 프랑스 함대가 충청도 외연도(충남 보령 오천면)에 나타났습니다. 이들은 조선 정부에 1839년 프랑스 선교사들을 살해한 데 대한 해명을 요구했습니다. 그러나 적극적으로 해명을 요구하기보다는, 조선 정부에 서한을 보낸 뒤 내년에 다시 와서 회신을 받겠다며 돌아갔습니다.

당시 저는 옥에서 세실 함장이 왔다는 소식을 들었습니다. 그래서 그가 저의 체포 소식을 들으면 석방될 수도 있겠구나 하는 희망도 가졌지요. 특히 저는 옥중에서 조선 정부의 요청으로 영국 지도를 번역하였고, 또 대신들의 지시로 작은 지리 개설서를 편찬하고 있었기 때문에, 프랑스 함대에 거는 기대가 자못 컸습니다. 그러나 다른 한편, 이들이 위협만 하고 돌아간다면 조선 교회에는 매우 큰 해가 될 것이며 저도 무서운 형벌을 받게 될 거라고 생각했습니다.

아니나 다를까, 제 예상은 적중했습니다. 세실 함장이 충청도에 도착했다는 소식과 함께 그가 보낸 서한이 조정에 전달되자 상황은 급변했습니다. 조정에서는 프랑스 함대가 온 것은 천주교 신자들이 불러들였기 때문이라고 판단하고 저와 신자들의 처리 문제를 논의하였습니다. 그 결과 저와 신자들은 서양 선박을 불러들인 역적으로 간주되어 사형이 결정되었고, 그 결정에 따라 저는 1846년 9월에 새남터에서 참수되었습니다.

나신앙 변호사　　결국 세실 함장의 원정이 신부님의 처형을 앞당긴 셈이군요?

권돈인　　김대건 신부는 국가에서 금지하는 천주교 신부였기 때문에, 사형 판결은 예정되어 있었습니다.

조선왕 변호사　　세실 함장이 위협한 이야기를 좀더 해주시지요.

권돈인　　네, 알겠습니다. 당시 충청감사 조운철이 보내온 세실 함장의 편지를 보면, 기해박해 때 처형된 3명의 프랑스인이 죄 없이 살해되었다고 하면서 그에 대한 해명을 요구했습니다. 그리고 프랑스 사람을 다시 해치면 조선에 큰 재해가 있을 것이라는 협박도 하였습니다.

그런데 세실이 1839년에 프랑스 사람이 처형된 것을 어떻게 알았으며, 또 그 일을 어떻게 따지러 왔을까요? 당연히 조선의 천주교 신자들이 그 소식을 알리고, 그들을 부추겼을 것입니다.

판사님, 세실의 원정 사건만 보더라도 천주교도들이 얼마나 조선에 위협적인가를 알 수 있습니다. 그리고 김대건 신부가 서해에서 중국 어선을 통해 지도와 서한을 전한 것은 바로 이러한 결과를 염두에 둔 행동이었습니다.

나신앙 변호사   조선의 입장에서는 세실의 행위를 위협으로 받아들일 수 있습니다. 그리고 그 위협이 조선 내의 천주교도와 연계되었다고 생각할 수도 있습니다. 그러나 거듭 이야기 하지만, 김대건 신부의 행위는 선교사들의 입국을 돕기 위한 행동입니다. 그리고 선교사들이 조선에 파견되는 것은 조선 사람들의 영혼을 구하기 위한 것입니다. 김대건 신부는 그것을 굳게 믿었고, 이에 가능하면 많은 선교사들이 조선에 입국하기를 원했던 것입니다.

판사   잘 알겠습니다. 여러 증인들의 증언으로 기해박해와 병오박해에 대해 잘 알게 되었습니다. 다음으로는 어떤 박해 사건에 대해 논의해 볼까요?

4

병인박해와
남연군 묘 도굴 사건

나신앙 변호사 　네, 마지막으로 병인박해에 대해 말씀드리겠습니다. 이 박해는 조선에서 일어났던 박해 중 가장 규모가 크며 세월도 오래 걸렸습니다. 그리고 오늘 소송을 제기한 원고와 피고가 직접 관련된 사건이기도 합니다.

판사 　그렇다면 별도의 증인은 필요 없겠네요. 당사자들이 있으니…….

나신앙 변호사 　그럼 먼저 원고로부터 박해의 배경에 대해 듣도록 하겠습니다.

홍봉주 　병오박해의 충격이 사라질 즈음 헌종 임금이 사망하고 철종 임금이 즉위하였습니다. 철종 임금은 1801년에 순교한 송 마리아의 손자이자 신 마리아의 조카였고, 철종의 할아버지인 은언군은 비록 신자는 아니었지만 부인과 며느리 때문에 죽임을 당한 인물이었습니다.

이처럼 왕의 할머니와 숙모가 천주교로 인해 사약을 받은 상황에서 천주교를 탄압하는 문제가 적극적으로 제기될 수 없었고, 이에 철종 대에는 천주교에 대한 박해가 거의 없었습니다. 그 결과 천주교인 수가 1859년에는 1만 6,700명, 1861년에는 1만 8,035명, 1865년에는 2만 3,000명으로 꾸준히 늘었지요.

이러한 상황에서 1864년 1월에 철종 임금이 사망하고 열두 살의 고종 임금이 즉위하였습니다. 이에 어린 왕을 대신하여 처음에는 대왕대비 조씨(신정 왕후)가 정사를 돌보다가, 얼마 뒤 고종의 부친인 피고 흥선 대원군이 실권을 잡았습니다.

나신양 변호사　드디어 오늘 재판의 피고이신 흥선 대원군이 등장하는군요.

홍봉주　그런데 이즈음 러시아인들이 두만강 근처에 나타나 통상을 요구하는 사건이 벌어졌습니다. ▶러시아의 통상 요구를 위협으로 느낀 흥선 대원군은 조선에 입국해 있는 서양인들을 통해 러시아의 위협을 물리치고자 선교사들과의 접촉을 시도하였습니다. 그러나 이 접촉은 당시 조선 천주교회의 책임자인 베르뇌 주교의 거절로 성과를 보지 못했습니다.

그런 가운데 1865년 12월에서 1866년 1월 사이에 저는 김계호, 이유일, 남종삼 등과 함께 '러시아의 위협에 대항할 유일한 방법은 영국, 프랑스와 동맹을 맺는 일이며,

교과서에는

▶ 두만강을 사이에 두고 러시아와 국경을 접하게 되자, 러시아에 위협을 느낀 흥선 대원군은 국내에서 활동하던 프랑스 선교사를 통해 러시아 세력을 막아 보고자 하였습니다.

이를 위해 조선에 와 있는 서양 주교들을 이용하자'는 방책을 대원군에게 건의했습니다. 그러자 대원군은 주교와의 면담을 요청하였고, 이에 지방에 있던 다블뤼 주교와 베르뇌 주교가 상경하였습니다. 그러나 대원군은 약속과 달리 주교들과의 면담을 미루었고, 결국 1866년 2월에 저와 베르뇌 주교가 체포되면서 길고 긴 병인박해가 시작되었습니다.

나신앙 변호사   피고에게 묻고 싶군요. 천주교인들을 통해 러시아의 위협을 막으려고 하다가 박해 쪽으로 마음을 바꾼 이유는 무엇입니까?

흥선 대원군   원고의 말대로 처음 러시아의 통상 요구가 있었을 때 저는 베르뇌 주교에게 러시아의 위협을 막아 주면 신앙의 자유를 주겠다는 약속을 전했습니다. 그러나 그 요청을 거절한 것은 베르뇌 주교, 바로 천주교 측이었습니다.

나신앙 변호사   ▶베르뇌 주교는 왜 대원군의 요구를 거절했습니까?

홍봉주   제 생각에 대원군은 주교라는 직위를 높이 평가했고, 또 같은 서양 사람이기 때문에 베르뇌 주교의 영향력이 러시아 사람에게도 먹힐 것으로 생각한 듯합니다. 그러나 이러한 생각은 베르뇌 주교의 말처럼 잘못된 기대였습니다. 프랑스 인 천주교 주교가 종교도 다른 러시아 사람들에게 어떻게 영향을 미치겠습니까?

이후 베르뇌 주교는 저에게 "조선이 프랑스와 먼저 약

교과서에는

▶ 선교사들은 정치에 개입하지 않으려 했습니다. 결국 베르뇌 주교와의 교섭은 잘 이루어지지 못했습니다.

조를 맺으면 염려 없을 것이다"라고 하셨습니다. 이러한 상황에서 저와 제 동료들은 "러시아의 위협을 막는 실질적인 방안은 프랑스와의 조약 체결이며, 그 주선을 우리의 주교들이 하겠다"는 제안을 대원군에게 했던 것입니다. 그러나 대원군은 약속한 면담 대신 박해를 가해 저희를 죽음으로 몰아넣었습니다.

흥선 대원군   약속을 지키지 못한 것은 미안합니다. 그러나 여러분의 건의는 러시아라는 서양 오랑캐를 막으려고 또 다른 서양 오랑캐를 불러들이는 방안이라 처음부터 채택될 가능성이 별로 없었습니다. 여러분의 기준에서 보면 러시아는 위협이고 프랑스는 좋은 나라일 수 있지만, 내 입장에서는 마찬가지였습니다. 따라서 그런 서양과의 조약 체결보다는 주교의 개인적인 영향력이 발휘되기를 기대했던 것입니다.

그러던 차에 러시아 인들의 위협이 사라졌습니다. 제가 처음에 천주교 측과 접촉했던 것은 러시아의 통상 요구 때문이었는데 그 위험이 사라진 것입니다. 이런 상황에서 굳이 서양 주교들을 만날 필요는 없었지요.

그 무렵 청나라에 갔던 사신들이, 1866년 1월에 청나라에서 서양인들을 처형하고 있다는 보고서를 보내왔습니다. 그러자 정부 대신들이 저에게 서양인들과 천주교 신자들을 처형하라는 압력을 가했습니다. 그들은 제가 천주교 측과 교섭한 것을 비난하며 천주교 신자들의 처형을 주장하고 나선 것입니다. 이러한 상황에서 저는 저의 권위와 지위를 유지하기 위해 조정의 건의를 받아들이지 않을 수 없었고, 그 결과 병인박해가 시작된 것입니다.

홍봉주　　저와 베르뇌 주교가 체포된 후 많은 신부와 신자들이 체포되어 처형되었습니다. 선교사의 경우 당시 조선에는 열두 명의 서양 선교사들이 활동하고 있었는데, 이 박해로 아홉 명이 순교하고 리델 신부, 페롱 신부, 칼래 신부만 중국으로 탈출할 수 있었습니다.

흥선 대원군　　맞습니다. 서양 신부들 중에 조선을 탈출한 사람들이 있었는데, 그들이 외국 군대를 이끌고 조선에 쳐들어왔습니다. 거기에는 조선인 신자들도 함께 참여했습니다. 그렇다면 이들의 행동을 어떻게 평가해야 할까요? 판사님, 이들은 조선인입니까, 반역자입니까?

판사　그런 일이 있었나요?

홍봉주　네. ▶프랑스 군대가 강화도를 점령한 사건이 있었습니다. 보통 이를 병인양요라고 하지요. 이 사건으로 인해 천주교에 대한 박해가 더욱 심해졌습니다.

흥선 대원군　그렇습니다. 1866년 9월 12일에 〈척사윤음〉을 반포하면서 박해 사건을 매듭 지으려고 했습니다. 그런데 프랑스 함대가 침략해 왔습니다. 다른 나라 사람들이 나라를 빼앗으러 왔는데 어떻게 해야 합니까? 그리고 적군을 불러들인 천주교 신자들은 또 어떻게 해야 합니까? 그때 천주교 신자들을 처벌한 것은 적법한 일이었습니다.

홍봉주　하지만 판사님, 프랑스 함대가 왜 왔는지도 살펴보아야 하지 않을까요? 앞서 조선을 탈출한 세 명의 선교사 중 리델 신부가 1866년 7월 7일에 청나라 체푸(엔타이)에 도착했습니다. 그는 즉시 프랑스 극동 함대가 있는 톈진으로 가서 사령관 로즈 제독에게 프랑스 선교사의 처형 소식을 전하고, 남은 천주교인들을 구출해 달라고 청하였습니다. 그대로 두었다가는 천주교인들이 모조리 몰살될 거라고 생각했기 때문이지요. 리델 신부의 이러한 요청은 정말 절박한 상황에서 나온 선택이었음을 알아야 합니다.

판사　양쪽의 주장이 팽팽하군요. 그 후 어떻게 되었습니까?

홍봉주　말씀드리겠습니다. 리델 신부의 요청을 받은 로

교과서에는

▶ 프랑스 선교사가 죽자 이를 구실 삼아 프랑스 군대가 조선과의 통상을 요구하며 강화도에 침입하여 강화산성을 점령하는 일이 발생했습니다.

순무영

반란과 전쟁 때 군사 일을 맡아
보던 임시 벼슬인 순무사가 임시
로 거처하던 조선 시대 군영을 가
리킵니다. 영조 4년(1728년)에
두었으며, 고종 31년(1894년)에
동학 교도를 토벌하기 위해 한성
에 두기도 하였습니다.

즈 제독은 1866년 9월 18일 조선으로 출발했습니다. 그
러나 이 원정은 군사 작전이 아니라 정찰을 목적으로 실
행된 것이었지요. 그는 리델 신부와 조선인 신자들을 통
역 겸 안내자로 삼아 세 척의 군함을 이끌고 체푸를 출발
했고, 한강을 거슬러 올라오면서 주변 지형을 정찰하고 수
심을 측량했습니다. 그리고 이들을 저지하는 조선 전선을
염창 근처에서 격파한 뒤 양화진을 거쳐 서강까지 올라와 하룻밤을
묵고 다음 날 철수했습니다. 체푸로 돌아온 로즈 제독은 10월 11일
에 다시 7척의 군함을 이끌고 2차 원정을 단행하여 16일에 강화도
를 점령했습니다. 이때도 리델 신부와 안내를 맡은 조선인 신자가
동행했습니다.

　강화도 점령 소식을 접한 조선 정부는 의병을 모집하는 한편, 급
히 ▶순무영(巡撫營)을 설치하고 이경하를 순무사, 이용희를 순무 중
군으로 임명한 뒤 2,000여 명의 군사를 거느리고 출정하도록 했습
니다. 조선군의 출정 소식을 들은 로즈 제독은 통진 인근의 문수산
성으로 120명의 정찰대를 파견하여 조선 군대와 전투했고, 11월 9
일에는 강화도 정족산성에서 양헌수가 이끄는 조선군과도 싸웠습
니다. 그러나 프랑스군은 정족산성에서 패배했고, 이후 로즈 제독은
철수하여 청나라로 돌아갔습니다.

교과서에는

▶ 군사 제도를 정비하고 외
세 침략에 대비해 온 조선
정부는 한강 연안의 수비를
강화하였습니다.

판사　　병인양요 때에도 천주교 신자들이 처형되었나요?

홍봉주　　그렇습니다. 이처럼 프랑스 군과 전투가 진행되
는 동안 대원군은, "프랑스 함대가 양화진까지 침입한 것

은 천주교 때문이고, 그로 인해 조선의 강역이 서양 오랑캐들에 의해 더럽혀졌으니 양화진을 천주교 신자들의 피로 깨끗이 씻어야 한다"고 주장했습니다. 그리하여 전쟁 중에 김한여, 이의송 등 많은 신자들이 양화진에서 처형되었습니다. 이후 이 장소는 많은 천주교인들이 '머리가 잘린' 곳이라 하여 신자들 사이에서 '절두산(切頭山)'이라고 불리게 되었습니다.

흥선 대원군　병인양요는 천주교도들이 불러들인 외국 군대와 전쟁을 한 것입니다. 만약 우리가 이 전쟁에서 졌다면 조선의 운명은 어떻게 되었겠습니까? 적과의 전쟁 상황에서 내부의 적을 처단했을 뿐입니다.

홍봉주　앞서도 이야기 했듯이, 병인양요가 왜 일어났는지를 생각해 주시기 바랍니다. 무고한 천주교도들을 처형한 것이 바로 병인양요의 원인이었습니다.

흥선 대원군　원고의 진술 중에, 리델 신부가 프랑스 군대를 불러올 수밖에 없었던 절박한 상황을 이해해 달라고 했는데 …. 물론 저도 당시 리델 신부의 심정을 일부 이해합니다. 그런데 1868년에는 전혀 이해할 수 없는 일을 천주교 신자들이 저질렀습니다. 바로 제 아버지인 남연군(南延君)의 묘를 파헤치려고 했던 것입니다. 사람으로서 어떻게 이런 생각을 했는지 도저히 이해할 수가 없습니다.

판사　의외의 행동이네요. 정말 그런 일이 있었습니까?

홍봉주　1868년 5월에 충청도 덕산에 있던 남연군의 묘가 도굴되는 사건이 있었습니다. 이 사건을 주도한 인물은 독일 상인 오페르

트였습니다. 그는 1866년부터 조선과의 통상을 요구했지만 뜻대로 되지 않았습니다. 그러던 차에 조선을 탈출한 페롱 신부를 만나게 되었고, 페롱 신부로부터 '덕산 가야산에 있는 남연군의 묘를 도굴하여 그 부장품을 가지고 협상을 하면 통상이 가능할 것'이라는 제안을 받았다고 합니다.

이 제안을 받아들인 오페르트는 독일인 묄러 선장과 함께 조선 원정에 나섰지요. 일행 중에는 페롱 신부, 미국인 젠킨스, 안내를 맡은 조선인 신자들도 끼여 있었습니다. 이들은 1868년 5월 10일에 아산

왜 천주교 박해가 일어났을까?

만과 구만포를 거쳐 덕산 관아를 습격해 군기를 탈취한 뒤 남연군 묘가 있던 가야산으로 갔습니다. 그러나 무덤이 견고한 탓에 도굴에 실패하고 다음 날 철수했습니다.

조선왕 변호사 　변명의 여지가 없네요. 그런 행동만 보더라도 피고가 천주교 신자들을 처형한 조치는 정당했음이 입증됩니다.

홍봉주 　물론 도굴 행위 자체만 보면 그렇습니다. 이 일이 잘못된 것임은 저희도 알고 있고, 또 개인적으로 피고에게 미안하게 생각합니다. 그러나 이 일은 한 개인의 독단적인 행동이지, 결코 천주교인

조선 고종 때 흥선 대원군이 서양 세력을 막기 위해 전국 각지에 세운 척화비

전체의 생각은 아니었습니다. 이 점을 명확히 이해해 주시기 바랍니다. 결국 이 일에 관여했던 페롱 신부는 징계를 받고 본국으로 송환되었습니다.

나신앙 변호사 　그러나 이 사건의 여파는 매우 컸습니다. 피고는 이 사건을 빌미로 천주교에 대해 대대적인 탄압을 가했는데, 이 시기를 연구한 연구자의 통계에 따르면 병인양요가 일어났을 때보다 더 많은 신자들이 이때 체포되어 순교했다고 합니다.

　천주교에 대한 박해는 1871년에 발생한 신미양요 후에도 재개되었습니다. 신미양요는 미국의 로저스 사령관이 통상을 요구하다 거절당하자 1871년 6월에 강화도를 공격하여 점령한 사건입니다. ▶미군의 공격에 대해 조선 정부는 한성과 8도 각 지역에 척화비를

세우며 항전 의식을 불태웠고, ▶▶이러한 조선 정부의 반응에 미국 함대는 7월 3일 청나라로 철수했습니다. 사실 미국은 천주교와 관련된 국가도 아닙니다. 그럼에도 불구하고 피고는 서양인들의 침략은 모두 천주교인들의 책임이라고 생각했고, 그 결과 신미양요 이후에도 천주교인들이 체포되어 처형당했습니다.

이처럼 1866년에 시작된 천주교 박해는 6년 이상 계속되었습니다. 그리고 1866년부터 1870년 사이에 8,000명의 신자들이 순교했다는 기록이 있습니다. 그러나 오랫동안 수많은 천주교인들을 희생시킨 이 박해도, 1873년 12월 피고가 권좌에서 물러나면서 끝나게 되었습니다.

판사   그렇군요. 아무튼 100년 동안 조선에서 어떠한 박해가 왜 일어났는지 잘 들었습니다. 그러면 오늘은 시간이 다 되었고 또 예정된 진술도 마쳤으니 이것으로 재판을 끝낼까 합니다. 다음 재판에서 뵙도록 하겠습니다.

교과서에는

▶ 척화비에는 "서양 오랑캐가 침범하였을 때 싸우지 않음은 곧 화의하는 것이요, 화의를 주장함은 나라를 파는 것이다"라고 쓰여 있습니다.

▶▶ 조선 정부는 강하게 맞섰으며, 어재연이 이끈 조선군은 광성보에서 격렬한 전투를 벌였습니다. 미군은 조선 군민의 저항에 결국 물러나고 맙니다.

다알지 기자

시청자 여러분, 안녕하세요? 역사공화국 법정 뉴스의 다알지 기자입니다. 오늘은 흥봉주 대 흥선 대원군의 재판 둘째 날이었습니다. 재판의 주된 내용은 천주교 박해에 대한 것이었고, 여러 증인이 출석하는 등 열기가 뜨거웠습니다. 조선의 3대 박해 등이 구체적으로 다루어졌는데요, 대체로 박해의 전개 과정에 대한 설명과 원고 측 주장이 주를 이루었습니다. 제 개인적으로는 여러 명의 프랑스 인 선교사들이 조선에 들어와 몰래 활동하고 있었다는 것이 흥미로웠습니다. 아무튼 100년 동안 발생한 천주교 박해를 정리해 보는 시간이었습니다. 그럼 양측 변호사를 만나 이야기를 들어 보겠습니다.

나신앙 변호사

박해 이야기를 구체적으로 할 수 있었던 기회
였습니다. 설명이 좀 길기는 했지만, 사실을 자세
히 알아야 재판이 공정하게 진행될 수 있다고 생각합
니다. 그런 의미에서 오늘 재판은 개인적으로 만족스러웠습니다. 아울
러 천주교 박해가 반드시 종교적인 이유 때문에 일어난 것이 아니라
정치적 배경도 있었다는 것과, 또 오랜 박해에도 신자 집단이 계속 존
재했고 심지어 신자 수가 증가했다는 점을 부각시키고자 했습니다. 그
것은 정부의 탄압에도 불구하고 백성들은 정부와 다르게 생각하고 있
다는 것을 보여 주는 현상이기 때문입니다.

왜 천주교 박해가 일어났을까?

오늘은 박해 이야기가 대부분이라 상대적으로 우리 쪽 이야기가 적었습니다. 그러나 조상 제사를 거부한 진산 사건, 외국 군대를 불러들이려 한 황사영 〈백서〉 사건, 실제로 프랑스 군을 불러들인 병인양요, 대원군의 아버지 남연군의 묘를 도굴하려 한 사건 등, 인륜을 무시하고 국가를 해치려 한 천주교의 성격이 분명히 드러난 시간이기도 했습니다. 비록 우리 측 이야기가 적었지만, 천주교의 부정적인 측면을 부각시키는 데 일정한 성과가 있었고, 박해에 대한 이야기는 오히려 천주교를 탄압한 정부의 입장을 강화시켜 주는 역할을 하지 않았나 생각합니다.

조선왕 변호사

천주교 신자들이 처형당한
절두산 순교지

절두산 순교지는 많은 천주교 신자들이 처형당한 곳입니다. 재판 중에 천주교 신자들이 처형된 장소들이 언급되는데, 서울의 처형지로는 새남터와 서소문 밖, 그리고 양화진이 유명합니다. 이 중 양화진은 오늘날 절두산이라고도 불리며, 여기에는 천주교의 성지도 조성되어 있습니다. 그런 의미에서 절두산에 대해 좀 더 자세히 알아봅시다.

절두산의 순교 장소는?

현재 절두산이라고 불리는 암벽 봉우리는 그 모양과 관련하여 잠두봉(蠶頭峰), 용두봉(龍頭峰), 가을두(加乙頭) 등으로 불렸습니다. 잠두는 누에 머리, 용두는 용 머리와 비슷하다는 데에서 유래한 명칭이며, 가을두는 들머리(덜머리)라는 뜻으로 머리가 들려 있는 형상이라는 데에서 붙여진 이름이지요.

이곳이 천주교회와 관련해서 유명하게 된 것은 병인박해 때 천주교 신자들이 처형된 장소이기 때문입니다. 전하는 말에 따르면, 병인박해 당시 박해자들은 절두산 정상에서 칼로 신자들의 목을 쳐서 그 시신을 강물에 던져 버리거나 한 오랏줄에 여러 명의 교우를 결박하여 산 채로 낭떠러지 밑 강물로 던져 죽였고, 또 창호지를 얼굴에 붙이고 물을 뿌려 질식사시킨 다음 그 시신을 강물에 던지기도 하였다고 합니다.

그러나 오늘날 이 봉우리가 신자들의 순교 장소였느냐에 대해서는 부정적인 견해가 많습니다. 이 장소는 관리와 군인들 수십 명이 모여 사형을 집행하기에는 너무 좁고, 또 절두산 근처에 사는 노인들의 증언 가운데에는 사형 집행 장소가 절두산 꼭대기가 아니라 양인(洋人) 묘지에서 양화 나루에 이르는 중간 지점의 평지였다는 내용도 있기 때문이지요.

이러한 정황은 현재 남아 있는 자료의 내용과도 부합합니다. 즉, 현존하는 자료에는 신자들이 절두산 꼭대기에서 처형되었다는 표현은 하나도 없고, '양화진두', '양화진 진터', '양화진 진을 친 곳', '양화진 진', '양화도 진중', '양화진중', '양화진' 등으로 밝히고 있습니다. 여기서 진두(津頭)는 나루터를 의미하며, 진중(鎭中)이라는 것은 양화 나루를 관리하던 양화진(楊花鎭)을 의미한다는 점에서, 당시 사형 집행 장소는 절두산 봉우리보다는 나루터 근처의 평지로 보는 것이 타당할 것입니다.

천주교를 물리칠 것을 말하는
<척사윤음>

척사윤음은 천주교의 폐해를 막기 위해 임금이 내린 명령입니다. 조선 시대에 척사윤음이 네 차례 반포되었는데, 그중 병인박해와 관련된 <병인척사윤음>의 대강을 소개합니다. 천주교를 탄압한 조선 왕조의 입장이 잘 나타나 있습니다.

왕은 다음과 같이 말한다. 중앙과 지방의 신하들과 백성들은 모두 나의 말을 들으라.

생각건대 우리나라는 훌륭한 임금들이 계승해 내려오면서 유교를 숭상하고 도를 중히 여겨서 예의와 풍속이 찬연히 빛났다. 그리하여 군자들은 어진 사람들의 가르침을 익혔고, 부인들은 지조와 믿음이 있다는 명예를 떨칠 수 있었다. 올바른 도를 점점 익혀 모두가 바른 학문을 밝히고 떳떳한 윤리를 펴 나가 이것으로 기강을 정하고 기준을 세우는 근본으로 삼았다. 그렇기 때문에 밝고 융성한 교화는 중국과 견줄 수 있게 되어 마침내 천하에서 가장 문명한 나라로 불리게 되었다.

그런데 불행하게도 70, 80년 사이에 이른바 서양학이라는 것이 신해년(1791)에 처음으로 생겨서 신유년(1801)에는 온 나라에 널리 퍼졌으며 많은 백성들이 그에 물들어 가서 더는 바로잡을 수 없게 되었다.

우리 정묘(정조)와 순묘(순조) 두 임금 때에 이르러 결연히 용단을 내려 크게 처단하는 조치를 취함으로써 오래전부터 오염되어 있던 더러운 풍속이 또한 거의 다 혁신되었다.

그런데 음흉하고 지독한 잔당들이 남아 있어 고약하게 악습을 퍼뜨렸던 것이다. 기해년(1839)의 옥사는 대부분이 신유년의 잔당들로부터 말미암은 것이었으며, 올해 봄에 있었던 변고는 기해년의 흉악한 무리보다 더욱 참혹한 것이었다.

……대체로 그들은 패역한 책들을 전해 가며 익히고 은밀히 서로 깨우쳐 주면서, 딴 나라 무리들을 불러들여 마치 신명(神明)처럼 떠받들었던 것이다. 결탁한 지 오래되어 그들의 속임수는 나날이 널리 퍼졌고, 사람들을 깊이 물들이며 그 도가 한 나라를 바꾸어 놓으리라 생각했다. …… 무슨 이치에 닿는 것이 있기에 진실을 어지럽히는 설이 사람들의 마음을 미혹시키고 행동을 어리석게 만들어 이토록 극심한 지경에 이르게 하는가?

……지금 그물에 걸려들어 함정에 빠진 사람들을 건져 내어 좋은 집에서 다 같이 잘살도록 하려고 하니, 죽은 사람은 애초에 더 논할 나위 없지만 살아 있는 사람들이야 능히 자기 마음을 고칠 수 있을 것이다. 나는 나이 젊은 사람으로서 형벌 대신 말로써 어리석은 이들을 일깨워 밝은 데로 나아가는 길을 열어 보여 주었으니, 너희 신하들과 백성은 기꺼이 따르도록 하라.

……사람마다 정자와 주자의 책을 외우고 선비마다 공자와 맹자의 교훈에 심복하며, 간사한 무리들과 편당을 짓는 무리들이 의탁할 곳이 없게 하고, 요사스런 말과 난폭한 행동이 일어날 수 없게 한다면, 우리 유교의 도는 밝게 하려고 하지 않아도 저절로 밝아질 것이며, 이단의 학문은 배척하려고 하지 않아도 저절로 배척될 것이다…….

천주교는 어떻게
신앙의 자유를 얻었나?

교과연계

한국사
Ⅵ. 민족 문화의 발달
  5. 근현대의 문화
    1) 근대 문물의 수용과 발전
      ─문예와 종교의 새 경향

프랑스와의
수호 조약 체결

판사　홍봉주가 흥선 대원군을 상대로 제기한 소송의 마지막 재판을 시작하겠습니다. 첫 번째 재판에서는 양측으로부터 박해의 정당성과 부당성에 대한 이야기를 들었으며, 두 번째 재판에서는 100년 동안 진행된 박해의 구체적인 내용을 다루었습니다. 이번 재판에서는 천주교가 어떻게 신앙의 자유를 얻을 수 있었는지를 집중적으로 살펴보도록 하겠습니다.

조선왕 변호사　판사님, 재판에 앞서 한 가지 분명히 해 두어야 할 일이 있습니다.

판사　말씀해 보세요.

조선왕 변호사　지금 신앙의 자유를 말씀하시는데, 조선 정부에서는 결코 공식적으로 천주교 신앙을 허락한 적이 없다는 것입니다.

판사　그건 또 무슨 말입니까?

나신앙 변호사　판사님! 그 부분은 제가 차차 말씀드리기로 하고요. 그에 앞서 병인박해 이후 조선 왕조가 처한 환경의 변화와 조선 천주교회의 상황에 대해 살펴보는 것이 필요할 듯합니다.

판사　그렇게 하시지요. 누가 말씀하시겠습니까?

홍봉주　제가 말씀드리겠습니다. 쇄국 정책을 고수하던 흥선 대원군이 물러나면서, ▶조선은 1876년 2월에 일본과 수호 조약을 체결하고 문호를 개방했습니다. 그리고 이후 미국을 비롯한 서양 여러 나라들과 **수호 조약**을 맺으면서 국제 사회의 일원으로 편입되어 갔습니다.

조선의 개항은 천주교회에도 영향을 미쳐 병인박해 때 조선을 떠났던 선교사들이 다시 입국하는 계기가 되었습니다. 그 결과 1876년 5월에는 블랑 신부와 드게트 신부가 조선에 입국하였고, 1877년 9월에는 리델 주교가 로베르 신부, 두세 신부와 함께 입국하였습니다.

그러나 주교가 입국한 지 석 달이 지날 무렵, 만주에 있는 선교사들에게 소식을 전하려던 신자가 국경에서 체포되었습니다. 그는 고문에 못이겨 선교사와 관련된 내용을 자백했는데, 그 결과 1878년 1월에 리델 주교와 신자들이 체포되었습니다. 리델 주교의 입장에서는 1866년의 악몽이 되살아났을 것입니다.

수호 조약
1882년에는 미국, 1883년에는 영국과 독일, 1884년에는 러시아, 1885년에는 이탈리아, 1886년에는 프랑스와 조약을 체결했습니다.

교과서에는

▶ 일본이 조선에 교섭할 것을 적극적으로 요구해 왔고, 결국 조선은 조일 수호 조규(강화도 조약)를 맺기에 이릅니다.

판사 리델 주교는 처형되었나요?

홍봉주 아닙니다. 리델 주교는 감옥에 갇혀 있다가 6월에 석방되었고, 이어 청나라로 추방되었습니다. 이것은 베이징 주재 프랑스 공사의 요청으로 청나라 정부가 개입하면서 가능했던 일입니다. 하지만 최선일 등 주교와 함께 체포된 신자들은 결국 순교의 길을 걸었습니다. 그 후 공주에 숨어 있던 드게트 신부도 1879년 5월에 체포되었으나 9월에 청나라로 추방되었습니다.

이처럼 개항 이후에도 조선에는 박해의 위험이 남아 있었습니다. 그러나 전과는 달라진 걸 느끼실 수 있을 것입니다. 즉, 신자들 중에는 처형된 자가 있지만, 선교사들은 1866년처럼 죽이지 않고 추방했던 것입니다. 그러자 이후에도 선교사들의 입국이 계속되어, 1880년 11월에는 뮈텔 신부와 리우빌 신부가 입국하였고, 1883년 4월에는 추방되었던 드게트 신부가 다시 조선에 들어왔습니다.

판사 그렇다면 조선이 개항되면서 신앙의 자유가 얻어진 건가요?

나신앙 변호사 아닙니다. 개항과 더불어 선교사들에 대한 처형이 없어진 것은 사실이지만, 신앙의 자유가 보장된 것은 아닙니다. 이 문제는, 조선 천주교회를 책임지고 있던 선교사들이 프랑스 사람이라는 점에서 조선과 프랑스 간의 조약 체결을 기다려야만 했습니다. 그리고 그 조약은 1886년에 체결되었습니다.

흥선 대원군 그렇다고 조약 체결문에 조선 정부가 천주교 신앙을 허용한다는 문구가 있는 것은 아닙니다. 천주교 측에서는 조선과 프랑스와의 조약 체결로 마치 천주교가 허용된 것처럼 이야기하고 있

왜 천주교 박해가 일어났을까?

는데, 그것은 옳지 않습니다.

나신앙 변호사　명확한 조문이 없는 것은 맞습니다. 그러나 이 조약문에는 선교사들이 허가증만 있으면 조선 전 지역을 여행할 수 있고 또 사람들을 가르칠 수 있다고 되어 있지 않습니까?

흥선 대원군　맞습니다. '가르칠 수 있다'고 했지, 선교하라고 한 것은 아니지요. 문구를 문구대로 해석해야지, 왜 확대 해석을 합니까?

판사　두 분! 진정하시고, 조약문이 구체적으로 어떻게 되어 있는지 말씀해 주시지요.

나신앙 변호사　판사님도 조약의 체결 과정을 들으면 이해하시리라 생각합니다. 조선과 프랑스의 조약 체결은 프랑스의 요구로 시작되었습니다.

1882년 미국이 조선과 수호 조약을 체결하자 프랑스도 조선과의 조약 체결을 서둘렀습니다. 그러나 여러 가지 사정으로 미루어지다가, 1886년에야 본격적인 교섭이 이루어졌습니다. 하지만 이때 문제가 된 것이 천주교의 선교 문제였습니다. 즉 1886년 5월에 시작된 협상에서 프랑스는 선교의 자유를 반드시 문자로 명시하기를 요구한 반면, 조선에서는 선교는 금지하지만 선교사를 해치지는 않을 테니 문자로 명시할 필요가 없다고 맞섰습니다.

이러한 상황에서 내무협판 겸 통리교섭통상사무아문 장교당상이었던 데니의 타협안이 제시되었습니다. 그 안은 '특별한 조항으로 선교의 자유를 명시하는 대신, 이미 체결된 다른 나라의 조규를 수정하여 선교의 자유를 암시하자'는 것이었습니다. 이 안에 따라 조선이 영국과 맺은 조약문에 '가르친다(敎誨)'는 뜻을 추가하였고, 어떤 조항은 '구체적인 여행 목적을 밝히지 않더라도 호조(護照)만 있으면 선교사들이 조선의 국내를 여행할 수 있다'는 내용으로 수정하였습니다.

이러한 타협안이 수용되면서 1886년 5월에 조불 수호 통상 조약이 타결되었고 6월에 조인되었습니다. 그 결과 선교사들은 호조만 지니면 조선 국내를 자유롭게 다니며 가르칠 수 있는 권리와 치외법권을 보장받았습니다. 이에 선교사들은 한성과 개항지에 교회 조직과 성당을 건립하였고, 나아가 개항지 이외의 지방에도 진출하여 성

왜 천주교 박해가 일어났을까?

당을 세웠습니다. 1898년 5월에 한성에 명동 성당이 세워졌고, 지방에도 수많은 성당 건물이 지어졌지요. 이로써 조선의 천주교회는 100년의 박해 시대를 끝내고 새로운 신앙의 자유 시대를 맞게 되었던 것입니다.

판사 호조가 무엇입니까?

나신앙 변호사 여행 허가증입니다.

조선왕 변호사 나 변호사의 설명대로, 조약의 체결 과정에서 조선 측은 분명히 선교사들의 안전은 보장하지만, 선교는 금지한다는 입장을 밝혔습니다. 그리고 조약문 어디에도 선교의 자유를 허용한다는 내용은 없습니다.

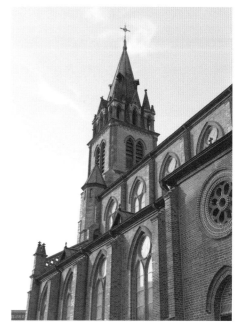

서울시 중구 명동에 있는 명동 성당. 1898년에 완성된 한국 천주교의 대표적 건물입니다.

나신앙 변호사 선교 문제에 있어, 조선 정부는 공식적으로 선교의 자유를 허용한다고는 하지 않았습니다. 제 생각에 당시의 여론 때문에 할 수도 없었을 것입니다. 그러나 데니의 타협안을 받아들여 선교사들의 국내 여행과 가르친다는 내용을 포함시킨 것은, 우회적으로 선교의 자유를 허용하거나 묵인하는 것으로 볼 수 있습니다. 그리고 이후에는 앞선 100년처럼 공식적으로 천주교 신자들을 박해하는 일이 없어졌다는 점도, 조선 정부의 입장을 잘 설명해 준다고 하겠습니다.

결국 이러한 현상은 문호 개방, 개화 정책 추진, 서양국과의 조약 체결 등 조선이 근대 사회로 진입하면서 얻어진 성과이지만, 여기에는 100년 동안 교회를 유지하려던, 그리고 목숨을 바쳐서라도 신념을 지키고자 했던 신자들의 노력이 있었음을 기억해야 할 것입니다.

왜 천주교 박해가 일어났을까?

조불 수호 통상 조약

　　조선과 프랑스가 수호 조약을 맺을 때 가장 걸림돌이 되었던 것이 천주교
의 선교 문제였습니다. 프랑스는 선교 문제를 조문에 명시하기를 원했고 조선
은 반대했지요. 그러는 가운데 데니가 '특별한 조항으로 선교의 자유를 명시
하는 대신, 이미 체결된 다른 나라의 조규를 수정하여 선교의 자유를 암시하
자'는 타협안을 제시했습니다. 그리하여 조선과 영국의 조규(朝英條規) 제9관
2항의 내용에 가르친다는 의미의 '교회(敎誨)'를 추가하고, 제4관 6항의 내용
을 수정하여 구체적인 여행 목적을 밝히지 않더라도 호조만 있으면 내지를 여
행할 수 있도록 하였지요. 이로써 조선에서 박해받지 않고 천주교를 선교할
수 있게 되었습니다.

　　조선과 프랑스의 조약 내용 중 관련 조항들을 소개하면 다음과 같습니다.

조불 수호 통상 조약

제4관 6항 : 통상하는 각 지역으로부터 100리 내 혹은 장래 양국이 파견
하는 관원이 피차 의논하여 결정한 경계 내에서는 프랑스 사람들이 모두
임의로 여행할 수 있으며 여행 허가증의 제시를 요구할 수 없다. 프랑스 사
람이 여행 허가증을 가지고 조선의 각처를 여행하는 것을 허가하되 내지에
창고 및 상용 무역 점포는 개설할 수 없다. 프랑스 상인도 역시 각종 화물
을 내지에 운반해 들여가 팔거나 일체 토산물을 구매하는 것을 허가한다.
가지고 다니는 여행 허가증은 프랑스 영사관이 발급하고 조선 지방관에서

도장을 찍거나 붓으로 서압한다. 경과하는 모든 곳에서 지방관이 여행 허가증을 검사하려고 하면 즉시 수시로 제시하여 검사받아야 하며 틀림이 없어야 통과할 수 있다. 프랑스 사람이 수레, 배에 필요한 인부를 고용하여 짐과 화물을 꾸리고 운반하는 것도 가능하다. 프랑스 사람이 여행 허가증이 없이 이상의 경계를 넘거나 내지에서 불법적인 일을 했을 때는 체포하여 가까운 영사관에 넘겨 처벌한다. 여행 허가증이 없이 경계를 넘은 프랑스 사람은 즉시 참작하여 처벌하고 감금하거나, 혹은 벌만 주고 감금하지 않을 수도 있다. 단, 벌금은 멕시코 은화 100원을 넘을 수 없으며, 감금 기간은 1개월을 넘기지 못한다.

제9관 2항 : 프랑스 인민으로서 조선에 와서 언어 문자를 배우거나 가르치며 법률과 기술을 연구하는 사람이 있으면 모두 보호하고 도와줌으로써 양국의 우의를 돈독하게 하며, 조선 사람이 프랑스에 갔을 때에도 똑같이 일률적으로 우대한다.

왜 천주교 박해가 일어났을까?

2

조선 천주교회가
지향했던 것은 무엇이었나?

판사 　나 변호사의 말처럼, 천주교회가 신앙의 자유를 얻은 직접적인 계기는 개항 이후 조선이 프랑스와 수호 조약을 체결한 것입니다. 그러나 박해 속에서도 교회를 지킨 신자들의 노력이 없었다면 개항이 되었다고 해서 선교의 자유가 주어졌을지는 의문입니다.

　그렇다면 당시 신자들은 무엇을 위해 100년의 박해를 견디었을까요? 그리고 그 속에서 지향했던 것은 무엇일까요?

홍봉주 　이 문제는 '천주교 신자들은 왜 순교했으며, 무엇 때문에 신앙과 목숨을 바꾸었던 것일까?'로 바꿔 볼 수 있겠습니다. 이와 관련하여 진산 사건으로 순교한 윤지충은 천주교를 참된 종교라 하면서 천주의 법을 어기기보다는 차라리 죽을 각오가 되어 있다고 하였고, 〈백서〉 사건으로 유명한 황사영도 천주교를 세상을 구할 좋은

약이라고 하였습니다. 이처럼 신자들은 천주교가 참된 종교이기 때문에 믿고 따랐으며, 그 진리는 목숨을 바쳐서라도 증거할 가치가 있다고 생각했습니다.

그렇다면 이들이 증거하고자 했던 진리는 어떤 내용일까요? 정하상은 천주교의 10계명에 '효제충신'과 '인의예지' 같은 참된 내용이 다 들어 있다고 전제한 뒤, 이것을 행하면 집 안, 나라, 천하가 다 평안해질 것이라고 하였습니다.

결국 신자들은 천주의 가르침을 참된 진리라고 생각했으며, 그 진리를 목숨 바쳐 지키는 것이 신자의 본분이라고 여겼던 것입니다. 그리고 그러한 신념이 순교로 나타났다고 할 수 있습니다.

흥선 대원군　'효제충신'과 '인의예지'는 유교 경전에 나오는 개념이 아닌가요?

나신앙 변호사　내용이 어느 책에 나와 있느냐가 문제가 아니라, 그런 내용들이 유교나 천주교에서 보편적 가치로 인정되고 있다는 것이 중요합니다. 유학자들도 유교의 가르침을 바른 도리(義)라고 생각하고 그를 위해 목숨을 버리지 않나요? 사육신도 그렇고……. 그것이 천주교에서는 순교라는 형태로 나타난 것입니다. 그런 의미에서 보면 의를 위해 죽는 유학자나 천주교의 순교자는 같은 가치를 지향한다고 할 수 있습니다.

홍봉주　저의 외종조부인 정약종은 "죽는 것이 두렵지만, 천주는 천지의 대군 대부이니 천주를 섬기는 도를 알지 못하면 천지의 죄인이기 때문에 살아도 죽은 것과 같다"고 말씀하셨습니다. 이 말은 천주가 천지 만물을 창조하고 주재하는 근원이므로 나를 창조하신 분의 명령을 따르지 않을 수 없다는 것입니다. 비록 임금과 부모의 명령이 엄중하기는 하지만, 그보다 높은 대군 대부를 배반할 수 없다는 생각이 목숨을 바치게 한 것입니다. 이것은 천주의 존재를 확신하는 것이며, 결국 제 외종조부께서도 자신이 옳다고 믿는 것을 위해 목숨을 바쳤다고 하겠습니다.

흥선 대원군　천주가 천지 만물을 창조했다고 하는데, 그것을 본 사람이 있나요? 어떻게 실재하는 임금과 부모의 명령은 따르지 않으면서 보지도 못한 천주의 명령만을 따른다는 것이지요?

나신앙 변호사　장님은 하늘의 해를 볼 수 없습니다. 그렇다고 하늘에 해가 없는 것은 아니지요. 모래나 흙 위에 발자국이 있습니다. 지나가는 사람이 보이지 않는다고 해서 누군가 지나간 것을 부정할 수 있나요? 이처럼 눈에 보이는 것만 실재하는 것은 아닙니다. 천주가 바로 그러한 존재입니다. 정약종은 그것을 확신했기 때문에 대군 대부인 천주의 명령을 따를 수밖에 없었던 것입니다.

홍봉주　천당에서 누릴 영원한 복락도 순교의 이유가 되고 있습니다. 천주교에서는 죽은 후 천당에 올라간 영혼은 이 세상의 모든 영광과 즐거움보다 천만 배나 더 큰 행복을 누리는 반면, 지옥에 떨어진 영혼은 영원히 그치지 않는 지옥불의 괴로움을 당한다고 합니다. 따라서 신자들은 천당의 행복을 얻고자 했고, 이를 위한 가장 좋은 방법이 바로 천주를 위해 순교하는 것이었지요. 그리고 이것은 자신의 영혼을 구원하는 것이기도 했습니다. 그렇기 때문에 충청도 정산의 이도기는 정산 고을을 다 준다고 해도 결코 천주를 배반할 수 없다며 순교를 선택했습니다. 이도기는 천주교를 믿으면 자신의 영혼이 천당에 가서 영원한 행복을 누린다는 믿음이 강했던 것입니다. 이 역시 신념의 문제라고 생각합니다.

조선왕 변호사 하늘에 복만 비는 것은 너무 이기적이지 않나요? 삼강오륜의 실천 없이 복만 빌어 천당에 가려 하기 때문에 천주교 신자들이 이익만 좇는다고 비난받는 것입니다.

홍봉주 천주교 신자들은 복만 빌지 않습니다. 어려운 이웃을 돕는 등 사랑을 실천합니다. 그리고 삼강오륜의 가치도 존중합니다.

나신앙 변호사 지금까지 원고가 이야기했듯이, 당시 천주교 신자들이 순교한 이유는 여러 가지입니다. 그리고 이 사항들은 개별적으로 존재한 것이 아니라 복합적으로 작용했습니다. 즉 천주교의 진실성, 대군 대부인 천주에 대한 믿음, 천당의 영원한 복과 영혼의 구원이라는 요소들이 함께 작용해 순교가 이루어졌던 것입니다. 한마디로 자신이 옳다고 믿는 신념에 대한 확신이 박해를 이겨 낸 원동력이었습니다.

신자들에게는 순교 자체가 행복이었다고 말할 수 있습니다. 그렇기 때문에 최필제와 이도기는 옥에서 도망할 기회가 있었는데도, 가장 큰 행복을 얻기 위해 도망가지 않고 천주를 위해 기꺼이 목숨을 바쳤습니다. 이들은 한결같이 죽음을 두려워하지 않았으며, '천주를 위해 죽는 것이 오히려 영원히 사는 것'이라는 공통된 의식을 갖고 있었습니다. 이들에게 있어 순교는 죽음이 아니었고, 천국에서 누릴 영원한 삶과 행복의 조건이었습니다.

홍봉주 천주교의 종교적 측면도 중요하지만, 사회적인 의미도 크다고 생각합니다. 즉 사람들이 천주교를 신앙하고 또 목숨을 바치면서까지 천당을 갈망했다는 사실은, 그 자체로서 자신이 처한 현실 상황을 벗어나려는 의미가 담겨 있습니다. '죽은 뒤에 좋은 곳으로 간다'는 말을 믿고 입교한 사람들은 현세의 삶보다는 내세의 행복을 추구했던 것입니다.

그렇다면 이들이 현실에 만족하지 못했던 이유는 무엇일까요? 잘 알려져 있듯이 조선 후기 일반 백성들의 삶은 매우 고달팠습니다. 그들은 국가에 많은 세금을 바쳐야 했고, 수령과 아전들의 불법을 견뎌 내야만 했습니다. 정약용이 지은 「애절양(哀絶陽)」이라는 시에 그러한 상황이 잘 나타나 있지요. 이러한 상황에서 백성들은 견디지 못하고 떠돌며 도적이 되거나 현실을 바꾸기 위해 민란을 일으키기도 했습니다.

천주교 신자들도 직업이나 생활 수준을 보면 대부분 가난했습니다. 그리하여 황사영은 "모든 나라 중에 조선이 제일 가난하고, 조선에서는 신자들이 더욱 가난하다"고 말했으며, 이후 천주교 신자들의 생활을 언급한 자료에도 대부분 가난한 사람들이 천주교에 입교한다고 쓰여 있습니다.

조선왕 변호사 그렇다고 가난한 사람이 모두 천주교 신자가 되었나요?

나신앙 변호사 그렇지는 않지요. 하지만 천주교에 입교한 사람들

「애절양」
정약용이 강진에서 직접 목격한 내용을 옮긴 시로, 군포 징수에 시달리던 백성이 자신의 성기를 잘랐다는 내용입니다.

이 대부분 가난한 것은 사실입니다. 그러니까 '가난한 사람 중에 천주교에 입교한 사람'이 좀 더 절박한 상황에 있던 사람들이 아니었나 추정해 봅니다.

홍봉주   맞습니다. 이들은 천주교를 통해 천당이라는 위안을 얻고자 하였고, 천당을 바라는 이러한 마음은 결과적으로 현실 사회의 변화를 바라는 의식과도 연결된다고 하겠습니다. 그렇다고 천주교가 능동적으로 또는 의도적으로 사회 변화를 주도했던 것은 아닙니다. 다만 천주교의 가르침, 즉 평등 의식·형제애 등이 당시 신자들에게 기존 질서와는 다른 가치를 심어 주었고, 그것이 신자 각자에게 새로운 시대에 대한 희망의 메시지로 받아들여졌던 거지요.

판사   그런 구체적인 예가 있습니까?

홍봉주   네. 1801년에 순교한 백정 출신의 황일광은 천한 신분인 자기를 양반 신자들이 형제처럼 대해 주자, "나에게는 천당이 둘 있는데, 하나는 내가 신분에 비해 지나친 대우를 받는 점으로 보아 지상에 있는 것이요, 다른 하나는 내세에 있다"고 말했습니다. 그리고 정하상은 "금은 어디에서 나든 훌륭한 보배이듯이, 참된 도리라면 외국의 도라 하여 배척할 필요가 없고, 이 참된 도리를 행함으로써 집안을 편안히 하고 나라를 잘 다스리며 천하를 평안히 하는 것이 옳은 일"이라고 하였습니다. 즉 이들에게 천주교는 천당이요, 천하를 평안하게 할 수 있는 도리였습니다.

나신앙 변호사   천주교는 천주 앞에서 모든 사회 구성원이 평등한 사회가 되는 것을 지향했습니다. 즉, 남녀노소, 신분, 빈부를 떠나 이들이 모두 천주의 자녀로서 구원받고 천당의 영원한 행복을 누릴 수 있다고 했지요. 이러한 종교적 의미의 평등은 시간이 지나면서 점차 사회적 의미의 평등으로 바뀌어 갔다고 생각합니다. 이것은 박해에도 불구하고 신자들이 계속 존재했고 그 숫자도 꾸준히 늘었던 사실에서 짐작해 볼 수 있습니다.

그렇다고 천주교가 조선 왕조의 신분제를 당장 폐지해야 한다고 주장한 것은 아닙니다. 다만 이러한 평등 의식은 조선 후기 사회에 나타난 새로운 요소임이 분명했고, 이에 조선의 당국자들은 천주교를 체제에 도전하는 세력으로 간주하고 탄압했던 것입니다. 그 결과 천주교가 지향했던 가치들은 박해 시대를 넘어 1886년 조불 수호 통상 조약이 체결된 이후에야 성과를 기대할 수 있게 되었습니다.

판사 잘 들었습니다. 오늘 마지막 재판에서는 천주교가 신앙의 자유를 얻은 과정과 그 지향점에 대해 다루었습니다. 지금까지 세 번에 걸쳐 양측의 진술을 들었는데, 주장하는 바를 다 진술했으리라 생각합니다. 그럼 잠시 후에 원고와 피고의 최후 진술을 듣기로 하고, 오늘 재판은 이것으로 마치겠습니다. 수고하셨습니다.

병인박해 때 순교한 서양 선교사들

청나라에서 서양인들을 처형하고 있다는 보고가 들어오면서 정부 대신들이 흥선 대원군이 천주교 측과 교섭한 것을 비난하고 나서자, 흥선 대원군은 그의 정치적 지위를 안정시키기 위해 천주교를 탄압하기 시작하였습니다. 그결과 9명의 프랑스 선교사와 수많은 천주교도가 체포되어 처형당했지요.

병인박해 당시 조선에는 12명의 서양 선교사들이 활동하고 있었고, 병인박해로 9명이 순교하였는데 병인박해 때 처형된 서양 선교사들은 다음과 같습니다

병인박해 때 순교한 9명의 선교사

	이름	생몰 연도(나이)	출생지	처형지
1	베르뇌 주교	1814~1866(52세)	프랑스	서울 새남터
2	다블뤼 주교	1818~1866(48세)	프랑스	충남 보령 갈매못
3	오메트르 신부	1837~1866(29세)	프랑스	충남 보령 갈매못
4	위앵 신부	1836~1866(30세)	프랑스	충남 보령 갈매못
5	볼리외 신부	1840~1866(26세)	프랑스	서울 새남터
6	도리 신부	1839~1866(27세)	프랑스	서울 새남터
7	브르트니에르 신부	1838~1866(28세)	프랑스	서울 새남터
8	프티니콜라 신부	1828~1866(38세)	프랑스	서울 새남터
9	푸르티에 신부	1830~1866(36세)	프랑스	서울 새남터

다알지 기자

시청자 여러분, 안녕하세요? 역사공화국 법
정 뉴스의 다알지 기자입니다. 오늘은 홍봉주
대 흥선 대원군의 재판 마지막 날이었습니다. 재
판에선 주로 천주교가 선교의 자유를 얻게 된 과정
과 박해 속에서도 천주교가 지향하고자 했던 가치에 대해 다루었습니
다. 대체로 1886년에 조선과 프랑스가 수호 조약을 맺으면서 선교의
자유가 묵인되었고, 천주교에서 주장하는 평등사상과 형제애 등이 조
선 백성들에게 희망의 메시지로 작용했다는 내용이었습니다. 그럼 양
측 변호사의 말을 들어 보도록 하겠습니다.

오늘날 한국에서 천주교 신자는 전체 인구의 10퍼센트 정도인 500만 명에 이릅니다. 결코 적다고 할 수 없는데, 이처럼 많은 사람들이 신앙하는 종교가 어떻게 시작되었고 어떠한 과정을 거쳐 오늘에 이르렀는지 정리하는 의미 있는 시간이었습니다. 비록 선교의 자유는 1886년 조선과 프랑스가 맺은 수호 조약이 직접적인 계기가 되었지만, 100년 동안 천주교를 진리라고 믿고 그 가치를 실현하려 한 신자들의 노력과 희생이 없었더라면 불가능했다고 생각합니다. 즉 선교의 자유는 진리에 대한 믿음의 보상이며, 이후 천주교가 한국의 주요 종교로 성장했다는 것은 결국 조선 왕조의 천주교 탄압이 잘못된 조치였음을 증명해 준다고 하겠습니다.

나신앙 변호사

조선왕 변호사

　결과적으로 천주교는 선교의 자유를 얻었고, 오늘날 한국의 주요 종교로 성장했습니다. 그러나 조선 시대에 천주교가 정당한 종교로 인정받았던 것은 아닙니다. 그리고 선교의 자유 역시 조선 왕조가 인정하고 싶어서 인정한 것도 아니지요. 개항 이후 서양 세력이 몰려오면서 어쩔 수 없이 허용한 상황입니다. 결국 선교의 자유는 조선 정부가 자신들의 잘못을 인정했기 때문이 아니라, 서양 세력에 비해 힘이 약했기 때문에 그들의 요구를 들어준 것에 불과합니다. 따라서 그 이전에 있었던 조선 왕조의 천주교 탄압은 국법에 따라 정당하게 시행된 적법한 조치였습니다.

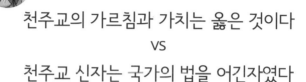

최후 진술

천주교의 가르침과 가치는 옳은 것이다
VS
천주교 신자는 국가의 법을 어긴자였다

판사　지금까지 세 번의 재판이 이루어졌고, 그동안 양측의 주장을 충분히 들었습니다. 이제 판결을 내려야 할 시간인데요, 판결에 앞서 마지막으로 원고와 피고의 최후 진술을 듣도록 하겠습니다. 먼저 원고 측에서 진술해 주십시오.

홍봉주　존경하는 판사님, 재판 중에도 말씀드렸듯이 저희 집안은 할아버지, 아버지, 저, 이렇게 3대가 천주교를 믿다가 처형된 가족사를 갖고 있습니다. 이러한 가족사는 저희 집안만의 문제가 아니라 당시 천주교를 믿던 수많은 가족들의 일상이었습니다. 그렇다면 할아버지의 죽음을 본 아버지, 아버지의 죽음을 본 아들, 이들은 왜 가족의 죽음을 보면서도 천주교를 계속 믿었던 것일까요?

　뿐만 아니라 조선 정부에서는 천주교 신자들을 새남터나 서소문

　왜 천주교 박해가 일어났을까?

밖, 양화진(절두산) 등 여러 곳에서 공개 처형을 했습니다. 백성들에게 보임으로써, 천주교를 믿으면 이처럼 사형당하니 믿지 말라고 경고한 것이지요. 그러나 신자가 참수되는 것을 본 많은 사람들이 다시 신자가 되었고, 또 그러한 형벌을 달게 받았습니다. 100년 동안 희생된 1만 명은 이러한 과정에서 나온 것입니다.

그렇다면 이들이 희생을 감수하면서까지 천주교를 믿었던 이유는 무엇일까요? 바로 천주교의 가르침과 가치를 옳게 여겼기 때문입니다. 그리고 그러한 가치는 조선 후기의 일반 백성들에게 희망의 메시지로 다가왔습니다.

한편, 조선 후기에 천주교가 확대될 수 있었던 것은 이 시기에 나타난 사회적 · 경제적 변화와도 관련이 있습니다. 즉, 조선 후기 사회는 전기와는 달리 기존의 사회 체제가 붕괴되고 새로운 시대를 준비하는 단계였습니다. 그래서 실학도 발생하고, 신분제도 동요하고, 상공업이 발달하는 등의 변화가 나타났던 것입니다. 이러한 변화의 시기에 천주교도 새로운 변화 가운데 하나로 도입된 것입니다.

따라서 당시 국가를 운영하던 책임자들은 새로운 변화를 감지하고 그에 대응하여 좀 더 열린 마음과 미래를 보는 비전을 가지고 국정에 임했어야 합니다. 그러나 당시의 지배층은 그렇지 못했습니다. 그들은 기존의 가치 기준에서 새로운 시대를 통제하려고 했고, 그중의 하나가 바로 천주교에 대한 박해였습니다.

그러나 시대가 새로운 방향으로 흘러가는 것은 대세였습니다. 그리하여 1876년에 개항이 되고, 1886년에 조선과 프랑스가 수호 조약을 맺음으로써 천주교도 선교의 자유를 얻게 됩니다. 그리고 오늘날 천주교는 한국의 주요 종교로 성장했습니다. 이런 사실들로 볼 때 조선 왕조의 천주교 박해는 시대의 흐름을 제대로 읽지 못한 집권층의 잘못된 조치였으며, 그로 인해 수많은 사람들이 억울하게 목숨을 잃었던 것입니다. 아울러 이들의 잘못된 판단은 우리 사회가 좀 더 일찍 근대 사회로 진입할 수 있는 기회도 빼앗았습니다.

그러므로 당시 집권했던 사람들은 자신들의 잘못된 판단에 대해 분명히 책임을 져야 합니다. 그리고 그로 인해 피해를 본 사람들에게 사과와 손해 배상을 해야 합니다. 판사님의 현명하신 판단을 기대하며, 마지막 진술을 마치겠습니다.

판사　다음은 피고 측에서 진술해 주십시오.

흥선 대원군　존경하는 판사님, 한때나마 국정을 책임진 사람으로서 이런 자리에 서게 된 것이 당황스럽습니다. 그리고 국법에 따라 정당하게 처리한 일에 소송이 제기되는 현실이 안타깝습니다. 조선을 통치한 순조, 헌종, 고종은 〈척사윤음〉을 반포하여 천주교를 이단으로 규정했고, 백성들에게 믿지 말 것을 명령했습니다. 왜냐하면 천주교에서 주장하는 내용이 조선 사회를 이끌던 유교적인 가치 기준과 달랐기 때문입니다. 그리고 그들은 서양 세력과 결탁하여 군대를 끌어들이려는 시도도 하고 있었습니다.

이러한 상황에서 천주교 신자들을 체포하고 처벌하는 것은 국정을 책임진 사람이면 당연히 해야 할 일이었습니다. 법을 어긴 사람들을 그대로 방치한다면 국가와 사회의 질서를 어떻게 유지하겠습니까? 따라서 저를 비롯한 집권자들은 국가를 유지하기 위해 충실하게 법을 집행한 잘못밖에 없습니다.

역사적 사건에 대한 평가는 그 시대를 기준으로 해야지, 오늘날의 입장에서 평가해서는 안 됩니다. 천주교 문제만 하더라도, 조선 시대에는 천주교에 대한 박해가 합법이었지만 오늘날에는 종교 탄압으로 불법입니다. 그렇다면 조선 시대에 일어난 일을 조선 시대의 법으로 평가하는 것이 옳겠습니까, 오늘의 기준으로 평가하는 것이 옳겠습니까. 답은 분명하다고 생각합니다. 판사님의 현명하신 판단을 부탁드립니다.

판사 수고하셨습니다. 이것으로 원고 홍봉주가 피고 흥선 대원군을 상대로 제기한 소송의 재판을 모두 마치도록 하겠습니다. 판결문은 재판 내용을 심도 있게 검토한 후 4주 뒤에 공개하도록 하겠습니다.

역사공화국 한국사법정 재판 번호 44 홍봉주 vs 흥선 대원군

주문

역사공화국 한국사법정은 홍봉주가 흥선 대원군을 상대로 제기한 무고 및 명예 훼손 혐의와 그에 따른 손해 배상 청구를 기각한다. 다만, 처벌의 수위가 합당했느냐의 부분에 있어서는 일부 피고의 책임을 인정한다.

판결 이유

흥선 대원군이 천주교 박해를 일으키고 천주교 신자들을 처형하도록 한 것은 합법적인 행위임을 인정한다. 조선 왕조는 일찍부터 천주교를 금지했고, 1801년부터 1866년까지 3차례 〈척사윤음〉을 반포하기도 하였다. 아울러 여러 차례 천주교 신자들을 체포하여 처벌함으로써 국가에서 천주교를 금지한다는 사실을 충분히 백성들에게 공포했다고 생각한다.

그럼에도 불구하고 천주교 신자들은 국가의 금지령을 어기고 계속 신앙 생활을 하였다. 그리고 조상 제사를 폐지하고 신주를 불태운 것도 사실로 판명되었다. 이것은 천주교 신자들이 자신들의 신념을 표현한 것이라고 하지만, 국법을 어긴 것은 명백하다.

원고 측 주장대로 조선 정부가 천주교를 금지한 것은 그에 대한 무지와 오해에서 비롯된 것일 수도 있다. 그리고 자신과 다름을 인정하지 않은 결과이기도 하다. 남녀 관계와 신분제에 대한 오해가 대표적이라고 할 수 있다. 그러나 이해가 부족했기 때문에 처벌의 합법성이 훼손되는 것은 아니다. 따라서 당시 흥선 대원군의 법 집행이 반드시 옳았다는 것은 아니지만, 잘못되었다는 홍봉주의 주장은 받아들일 수 없다고 판단된다.

다만, 당시 천주교인들이 법을 어긴 것은 맞지만 처벌을 함에 있어 무조건 사형시키는 것이 합당했느냐는 다시 한 번 생각해 보아야 할 것이다. 즉, 정부에서 이들을 사형시킨 것은 그만큼 이들이 위험하다고 판단한 것인데, 100년 동안 천주교 신자들의 위험성이 실제로 가시화된 적은 없다. 오히려 박해를 빌미로 관속들이 수탈의 대상으로 삼았지, 천주교 신자들이 국가에 해를 끼치거나 범죄를 저지른 일은 드러나지 않았다. 그런 점에서 볼 때 조선 정부가 천주교 신자들을 사형이라는 극형으로 다스린 것은 과잉 처벌의 측면이 있다. 이 부분에 대해서는 피고의 책임이 인정된다.

역사공화국 한국사법정 담당 판사 공정한

"역사의 아이러니인가?"

재판이 끝나고 며칠이 지났다. 오늘도 홍봉주는 산책을 마치고 돌아왔는데, 우편함에 재판을 맡아 주었던 나신앙 변호사가 보낸 편지가 들어 있었다. 편지를 읽으며 홍봉주는 깜짝 놀랐다. '역사의 아이러니인가?' 생각하며, 홍봉주는 다시금 편지 내용을 읽어 나갔다.

안녕하세요, 홍봉주 씨.

당신과 흥선 대원군과 관련해서 흥미로운 사실을 알게 되어 알려 드립니다. 먼저, 당신은 당신이 죽은 지 30년 뒤인 1895년 1월 22일에 남종삼과 함께 죄를 용서받았습니다. 그리고 같은 해 8월 28일에는 조선 천주교회의 책임자인 뮈텔 주교님이 흥선 대원군의 아들인 고종을 만났는데, 이 자리에서 고종은 과거의 박해도 언급

하면서 당시의 일은 자신이 한 건 아니지만 잔학했던 박해를 후회하고 동정해 마지않았다고 합니다.

　재판 때는 밝히지 않았습니다만, 흥선 대원군도 1897년에 뮈텔 주교와 화해하기를 원했다고 합니다. 재판 때는 자신의 행위를 옹호하기 위해 천주교를 비판했지만, 개인적으로는 아마도 잘못을 뉘우치지 않았나 생각합니다. 그리고 그의 부인 민 씨도 사망하기 1년여 전인 1896년 10월(1898년 1월 사망)에 뮈텔 주교에게 세례와 견진 성사를 받았다고 합니다. 물론 민 씨 부인이 그 전부터 신자들을 도왔다는 것은 당신이 더 잘 아시겠지요. 한편 고종의 둘째 아들인 의친왕 이강 부부도 1955년에 세례를 받았고, 고종의 셋째 아들인 영친왕 이은 씨도 1961년에 세례를 받고 천주교 신자가 되었다고 합니다. 박해자의 가족들이 천주교 신자가 되다니요, 역사의 아이러니일까요, 아니면 천주교에서 말하는 하느님의 섭리일까요?

그럼 안녕히 계십시오.

나신앙 변호사 드림

편지를 다 읽은 홍봉주도 곰곰이 생각해 보았다. 과연 역사의 아이러니인지, 하느님의 섭리인지…….

절두산 순교 기념관

서울특별시 마포구에 가면 슬프고도 역사적인 기념관을 만날 수 있습니다. 절두산 천주교 성지 기념관 즉 '절두산 순교 기념관'이 그것입니다. 1866년 병인양요 때 프랑스 함대가 마포의 양화진까지 침입하자 흥선 대원군이 이를 천주교 탓으로 돌려 천주교 신자 수천 명을 처형한 곳이 바로 여기지요. 이러한 역사적 사건을 기억하기 위해 후에 이곳에 순교 기념관을 지은 것이랍니다.

그렇다면 왜 이곳의 이름이 '절두산'인 것일까요? 조선 시대 지리서에 의하면 이곳의 옛 이름은 '가을두'로, 풍경이 뛰어나서 문인들의 발길이 잦았고 중국 사신들이 오면 빼놓지 않고 다녀갔다고 합니다. 그런데 병인년(1866년) 천주교 박해 때 수많은 사람들이 이곳에서 목이

잘리어 숨진 뒤 절두산(切頭山:머리를 자른 산)이라는 이름을 얻게 된 것이지요.

절두산 순교 기념관은 병인양요가 있은 지 100년째 되던 1966년 3월에 짓기 시작하여 1967년 10월에 완성

절두산 순교 기념관

순교자 상과 형구틀

되었습니다. 건물 3층과 종탑, 성당으로 구성되어 있으며 박물관은 기념관 2~3층에 있습니다. 교회사 관련 유물과 문헌 자료, 순교자들의 유품 등을 전시하고 있지요. 특히 교회사적으로 중요한 인물과 관련된 야외 전시물이 전시되어 있어 눈여겨볼 만합니다.

이 중 순교자 기념탑은 절두산에서 순교한 것으로 확인된 여러 명의 순교자와 그 외 이름 없이 죽어간 수많은 무명 순교자들을 기리기 위해 2000년 9월 20일 세워진 것입니다. 흥선 대원군이 1871년 4월에 서울 종로 네거리를 비롯하여 전국의 중요 도시에 세우게 했다는 척화비 모조품도 볼 수 있습니다. 척화비에는 "洋夷侵犯 非戰則和 主和賣國(양이침범 비전즉화 주화매국, 서양 오랑캐가 침범함에 싸우지 않음은 곧 화의하는 것이요, 화의를 주장함은 나라를 파는 것이다)"이라고 쓰여 있습니다.

찾아가기 **관람 시간** 09:30~17:00(매주 월요일 휴관)
지하철 2호선, 6호선 합정역(7번 출구)에서 한강 쪽으로 도보 10분
홈페이지 http://www.jeoldusan.or.kr

『역사공화국 한국사법정 44 왜 조선에서는 천주교 박해가 일어났을
까?』와 관련한 논술 문제를 풀어 봅시다.

※ 다음 제시문을 읽고 물음에 답하시오.

(가) 길동이 칼을 던지고 엎드려 크게 아뢰기를,

"소인이 대감의 정기를 타고나 당당한 남자로 태어났사오나
아버지를 아버지라 부르지 못하고 형을 형이라 부르지 못합니
다. 집 안의 종들까지 다 저를 천하게 보고 친척과 사귐이 오래
된 친구도 저를 천생이라 이르오니, 이런 원통한 일이 어디에
있사오리까?"

하고는 대성통곡하니, 대감이 가엾게 여기시나 만일 그 마음을
위로하면 이 일로 방자해질까 꾸짖어 말하기를,

"재상의 천비 소생이 너뿐 아니거늘 자못 방자한 마음을 두
지 마라. 이번 일 이후에 다시 그런 말을 한다면 용서하지 못하
리라."

하시니, 길동은 눈물을 흘릴 뿐이라.

『홍길동전』 중에서

(나) 하늘에 계신 우리 <u>아버지</u>

　아버지의 이름이 거룩히 빛나시며

　아버지의 나라가 오시며

　아버지의 뜻이 하늘에서와 같이

　땅에서도 이루어지소서.

　오늘 저희에게 일용할 양식을 주시고

　저희에게 잘못한 이를 저희가 용서하오니

　저희 죄를 용서하시고

　저희를 유혹에 빠지지 않게 하시고

　악에서 구하소서.

「주님의 기도」

1. (가)와 (나)에 밑줄 그은 '아버지'가 서로 같은지 다른지 쓰고, 여기서
'아버지'는 누구를 가리키는지 쓰시오.

※ 다음 제시문을 읽고 물음에 답하시오.

(가) 중국에 있던 프랑스 함대 사령관 로즈는 흥선 대원군이 프랑스 선교사 아홉 명과 천주교도 수천 명을 학살하였다는 사실을 알고 1866년 함대를 이끌고 강화도로 쳐들어왔습니다. 프랑스 군대는 강화도에서 20여 일간 머물며 백성에게 행패를 부리기도 했습니다. 또한 강화도에서 철수할 때는 은괴 19상자와 외규장각에 보관하고 있던 의궤 191종 등 도서 359점을 빼앗아 군함에 실었습니다.

(나) 1866년 7월에 평양의 대동강에 들어와 통상을 요구하던 미국 상선 제너럴셔먼호가 불타는 사건이 일어났습니다. 미국은 이 사건을 계기로 무력에 의한 강제 통상을 계획하게 됩니다. 그리하여 1867년 미국은 슈펠트 중령으로 하여금 군함을 이끌고 조선의 황해도 연안을 수색하게 하였고, 1871년에는 미국 군함이 강화도에 침입하기에 이릅니다.

2. (가)와 (나)의 시대 상황 속에서 흥선 대원군은 "서양 오랑캐가 침범하였을 때 그들과 싸우지 않으면 화해하는 것이요, 화해를 주장하는 것은 나라를 파는 것이다"라고 말하며 나라의 문을 단단히 걸었습니다. 여러분이 흥선 대원군의 입장이라면 어떤 선택을 하였을지 (가)와 (나)의 내용을 참고하여 쓰시오.

해답 1 (가)와 (나)의 '아버지'는 서로 다른 존재를 가리킵니다. 먼저 (가)는 허균이 쓴『홍길동전』입니다. 홍 판서와 노비인 춘섬 사이에서 태어나 늘 천대를 받고 자라는 길동이 주인공입니다. 길동은 영특한 재주에 학식이 뛰어나 바람을 부르는 법과 둔갑술을 알고 있었습니다. 그러나 집 안 사람들의 멸시를 참지 못하여 집을 뛰쳐나와 도적들의 괴수가 되어 활빈당을 조직하지요. 그리고 각 지방의 탐관오리들이 부정한 방법으로 모은 재물을 빼앗아 가난한 양민을 돕습니다. 조정의 회유로 부득이 병조판서까지 되나, 마침내는 가상의 나라인 율도국에 정착해 이상적인 왕국을 건설한다는 이야기이지요. (가)는 서자로 태어난 탓에 천대를 받는 길동이 홍 판서에게 눈물로 하소연하는 장면으로, 여기서 '아버지'는 길동의 아버지인 '홍 판서'를 가리킵니다.

반면 (나)는 「주님의 기도」 즉 「주기도문」으로 하느님께 바치는 기도문입니다. 따라서 (나)의 아버지는 '주님' 즉 '하느님'을 가리킨다고 볼 수 있습니다. 천주교 신자들은 자신을 낳아 준 아버지 외에도 하느님 아버지가 계신다고 생각했습니다. 이러한 생각은 유교 사상을 근간으로 하는 조선 시대에는 배척받을 만한 것이었답니다.

해답 2 (가)는 고종 3년인 1866년 흥선 대원군의 천주교 탄압에 대한 보복으로 프랑스 군이 침입한 사건으로 '병인양요'라고 합니다. 그리고 (나)는 고종 8년인 1871년 미국 함대가 조선에 통상 조약을 체결할 것을 강요하기 위해 강화도를 침략한 사건인 신미양요와 관련된 내용입니다.

이 두 사건에 대해 흥선 대원군은 강경한 태도를 보이며 협상이나 화해를 하지 말고 배척하고 막아 낼 것을 지시합니다. 이러한 흥선 대원군의 태도는 자주적이고 의지가 굳건하다고 평가될 수 있습니다. 하지만 유연하지 못하였기에 그 피해 또한 작지 않았습니다. 외규장각에 보관했던 중요한 자료와 서책을 다른 나라에 빼앗겼으며, 많은 사람들이 목숨을 잃고 고통을 받아야 했지요.

따라서 만약 내가 흥선 대원군의 입장이라면 지나치게 나의 뜻을 펴는 데 급급하지 않고 유연하게 대처할 것입니다. 외국과의 작은 통상을 허용하여 외세의 반발은 피하면서 나라 안으로는 힘을 키워 외세에 흔들리지 않도록 내실을 다질 것입니다.

* 해답은 예시로 제시된 내용입니다.

역사공화국 한국사법정 44

왜 천주교 박해가 일어났을까?

© 방상근, 2012

초판 1쇄 발행일 2012년 4월 23일
초판 5쇄 발행일 2021년 7월 6일

지은이   방상근
그린이   조환철
펴낸이   정은영

펴낸곳   (주)자음과모음
출판등록   2001년 11월 28일 제2001-000259호
주소   04047 서울시 마포구 양화로6길 49
전화   편집부 (02) 324-2347 경영지원부 (02) 325-6047
팩스   편집부 (02) 324-2348 경영지원부 (02) 2648-1311
이메일   jamoteen@jamobook.com

ISBN 978-89-544-2344-1 (44910)

과학공화국 법정시리즈 (전 50권)

생활 속에서 배우는 기상천외한 수학 · 과학 교과서!
수학과 과학을 법정에 세워 '원리'를 밝혀낸다!

이 책은 과학공화국에서 일어나는 사건들과 사건을 다루는 법정 공판을 통해 청소년들에게 과학의 재미에 흠뻑 빠져들게 할 수 있는 기회를 제공한다. 우리 생활 속에서 일어날 만한 우스꽝스럽고도 호기심을 자극하는 사건들을 통하여 청소년들이 자연스럽게 과학의 원리를 깨달으면서 동시에 학습에 대한 흥미를 가질 수 있도록 구성하였다.

개정판 + 신판

과학자가 들려주는 과학 이야기 (전 130권)

위대한 과학자들이 한국에 착륙했다!
어려운 이론이 쏙쏙 이해되는 신기한 과학수업,
〈과학자가 들려주는 과학 이야기〉 개정판과 신간 출시!

〈과학자가 들려주는 과학 이야기〉 시리즈는 어렵게만 느껴졌던 위대한 과학 이론을 최고의 과학자를
통해 쉽게 배울 수 있도록 했다. 또한 지적 호기심을 자극하는 흥미로운 실험과 이를 설명하는 이론들
을 초등학교, 중학교 학생들의 눈높이에 맞춰 알기 쉽게 설명한 과학 이야기책이다.
특히 추가로 구성한 101~130권에는 청소년들이 좋아하는 동물 행동, 공룡, 식물, 인체 이야기와 최신
이론인 나노 기술, 뇌 과학 이야기 등을 넣어 교육 과정에서 배우고 있는 과학 분야뿐 아니라 최근의 과
학 이론에 이르기까지 두루 배울 수 있도록 구성되어 있다.

★ *개정신판 이런 점이 달라졌다!* ★

첫째, 기존의 책을 다시 한 번 재정리하여 독자들이 더 쉽게 이해할 수 있게 만들었다.
둘째, 각 수업마다 '만화로 본문 보기'를 두어 각 수업에서 배운 내용을 한 번 더 쉽게 정리하였다.
셋째, 꼭 알아야 할 어려운 용어는 '과학자의 비밀노트'에서 보충 설명하여 독자들의 이해를 도왔다.
넷째, '과학자 소개 · 과학 연대표 · 체크, 핵심과학 · 이슈, 현대 과학 · 찾아보기'로 구성된 부록을 제공하여 본문 주
제와 관련한 다양한 지식을 습득할 수 있도록 하였다.
다섯째, 더욱 세련된 디자인과 일러스트로 독자들이 읽기 편하도록 만들었다.

철학자가 들려주는 철학 이야기 _(전 100권)

아이들의 눈높이에 맞춘 철학 동화!
책 읽는 재미와 철학 공부를 자연스럽게 연결한 놀라운 구성!

대부분의 독자들이 어렵게 느끼는 철학을 동화 형식을 이용해 읽기 쉽게 접근한 책이다. 우리의 삶과 세상, 인간관계에 대해 어려서부터 진지하게 느끼고 고민할 수 있도록, 해당 철학 사조와 철학자들의 사상을 최대한 풀어 썼다.

이 시리즈의 가장 큰 상섬은 내용과 형식의 소화로, 아이들이 흔히 겪을 수 있는 일상사를 철학 이론으로 해석하고 재미있는 이야기로 담은 것이다. 또한 아이들의 눈높이에 맞는 쉽고 명쾌한 해설인 '철학 돋보기'를 덧붙였으며, 각 권마다 줄거리나 철학자의 사상을 상징적으로 표현한 삽화로 읽는 재미를 더한다. 철학 동화를 이끌어가는 주인공을 형상화하고 내용의 포인트를 상징적으로 표현한 삽화는 아이들의 눈을 즐겁게 만들어준다. 무엇보다 이 시리즈는 철학이 우리 생활 한가운데 들어와 있고, 일상이 곧 철학이라는 사실을 잘 보여준다. 무엇보다 자기 자신을 극복한다는 것, 인간을 사랑한다는 것, 진정한 인간이 된다는 것, 현실과 자기 자신을 긍정한다는 것 등의 의미를 아이들의 시선에서 풀어내고 있다.